빅데이터를 활용한
창업과 경영의
리스크 줄이기

빅데이터를 활용한 창업과 경영의
리스크 줄이기

인쇄 2018년 8월 24일
발행 2018년 8월 27일

펴낸이 김철성
펴낸곳 머니투데이
주소 서울특별시 종로구 청계천로 11
대표번호 02-724-0991

편집·인쇄 아름원 02-2264-3334

※ 잘못된 책은 교환해 드립니다.

ISBN 978-89-91966-29-1   13320
값 12,000원

이 도서의 국립중앙도서관 출판예정도서목록(CIP)은 서지정보유통지원시스템 홈페이지(http://seoji.nl.go.kr)와 국가자료공동목록시스템(http://www.nl.go.kr/kolisnet)에서 이용하실 수 있습니다. (CIP제어번호: CIP2018026250)

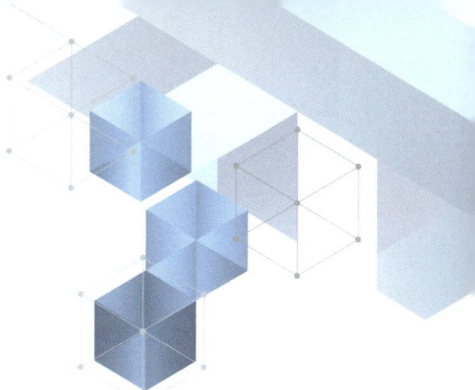

빅데이터를 활용한 창업과 경영의

RISK
리스크 줄이기

김철성 著

Intro : 책을 내면서

성공적인 창업과 성공적인 경영

 필자는 15년 이상을 시장과 상점가, 소상공인들을 교육하고 컨설팅하는 업무를 수행하고 있는 사람이다. 오랜 시간 전국 방방곡곡의 많은 상인들과 사업자들을 만나고 듣고 얘기하면서 그들의 성공과 실패의 원인에 대하여 고민하게 되었다.
 창업에 성공한 사람과 실패한 사람의 차이는 무엇일까?
 오랜 시간 사업을 이어오는 사람과 몇 개월 만에 문을 닫는 사람의 차이는?
 이들에게는 지식과 논리로는 해결되지 않는, 사업을 하면서 터득한 안목과 경험과 노하우가 있다는 것이다. 좋은 입지를 고르는 안목, 좋은 아이템을 찾고 그것을 잡은 경험 등이 있다는 것이다.
 성공한 사업자들이 꼽은 성공의 요소는 사람과 고객이다.
 어떤 위치에 있느냐의 문제(상권과 입지)였으며, 어떤 사람이 하느냐의 문제인 것이다.

혹자들은 내박 상권이 있는 것처럼 말들을 하지만 현혹되지 않았으면 한다.

대박 상권이 존재한다면, 그곳에 있는 사람들은 돈을 긁어모아야 정상이다. 하지만 대박 상권 그곳에도 '임대합니다'가 붙어 있고, '폐업'이 붙어 있고, 품목을 바꾸려고 자주 점포 수리를 하지 않는가?

이제 은퇴가 아닌 시작을, 직장이 아닌 직업을 찾기를 바라는 사람들….

베이비부머 시대의 시작이며 우리 사회의 변환기의 출발점이 시작되는 1958년, 바로 그해에 태어난 58년 개띠들의 은퇴가 시작되는 작금의 시기이다.

흔히들 인생의 2막, 3막을 열기 위해 창업을 준비한다고 한다. 하지만 막상 창업을 하려면 두려움이 앞선다. 위험성 때문이다. 투자에 대한 리스크가 발생되었을 때 야기되는 여러 가지 문제들 때문에 창업을 꺼려하고 두려워하며 도전하지 못하는 것이 아닐까?

그동안 수많은 사람들을 접하며 얻은 노하우와 경험담을 바탕으로 창업을 꿈꾸는 직장인, 시니어, 젊은 창업자들에게 꼭 필요한 이야기를 전해 주고 싶다.

성공적인 창업과, 사업이 발전하는 데 큰 영향을 주지만 그냥 넘기고 마는 것,

가장 기초적이지만 가장 생각하지 않는 것,

시작하기에 앞서 해야 되는 것.

'어떤 곳'이라는 상권과 입지 분석, '투자에 대한 위험성'을 말하는 사업 타당성과 수익성 분석이다.

성공적인 창업과 성공적인 경영을 위해 필요한 내용을 전하고 싶다.

4차 산업혁명 시대의 빅데이터를 활용한 상권 분석은 우리에게 많은 도움을 줄 것이다. 또한 그만큼 위험을 줄여줄 것으로 기대한다.

김철성

━━━━ 추천사

우선 어렵지 않다. 쉽다.

　빅데이터를 활용한 창업과 경영의 '리스크 줄이기'는 이해하기 쉬운 문장으로 창업자와 기존 사업자 모두의 마음가짐을 야무지게 다져주는 책이다. 이 책은 오직 성공이라는 목표에만 몰두하다 놓치게 되는 부분들을 잘 짚어냈다.

　'리스크 줄이기'는 성공이라는 장밋빛 꿈을 헤매다 정작 안에서 발생하는 리스크를 그냥 흘려 보내지 않도록, 안에서 샐 수 있는 바가지를 하나하나 세심하게 찾아 길을 알려주는 책이다. 아무리 바빠도 속을 들여다 보며 꼼꼼하게 챙길 것을 알려준다. 그래서 '리스크 줄이기'는 바꿔 말하면 창업, 경영에 있어서 '성공 빨리 하기', '단단히 하기'다.

　저자는 책을 통해 갈수록 험난해지는 전쟁 같은 생활시장에서 쉽게 주저앉지 않는 요령을 알려준다. 책 속에서 현실적인 우리의 이야기를 꼭 짚어내 실패의 전조를 깨우쳐 준다. 가끔 내용의 볼륨이 넓어 시간에 쫓기는 창업과정에 다급한 이들이 몸과 마음을 끝까지 잘 추스를까 살짝 염

려도 되지만, 이 또한 성공적인 창업과 경영을 바라는 저자의 간절한 마음씀일 것이다.

저자가 깔아놓은 디딤돌을 징검다리 삼아 한 발 한 발 건너면 그 끝엔 성공적인 창업이 있을 것이다.

모쪼록 성공을 위해 달리는 모든 예비 창업자들과 기존 경영자들의 앞날에 축복이 함께하길 기원하며, '리스크 줄이기'가 반드시 이뤄내야 할 창업의 길을 함께 해줄 길라잡이가 될 것을 확신한다.

이디야 커피 회장 문창기

— 추천사

창업과 짝사랑 하지 말자

약 20년 전 대기업 기획파트에서 근무할 때 IMF가 터지고, 내가 일을 배우고 선배와 상사로 모신 분들이 직장을 떠나는 것을 지켜봐야만 했다. 많은 이들과 함께 낮에는 사무실에서, 밤에는 회사 앞 주점에서 동료들의 근심과 한탄, 원망을 들어야 했다.

- 왜 죽어라 공부만 했는지?
- 무얼 믿고 회사에 모든 것을 바쳤는지?
- 20년 동안 회사 일만 했는데 나가서 무얼 할 수 있는지?

짜여진 공식대로 엘리트 코스를 밟아 온 모범생과 대기업에서 촉망받던 직장인의 성공 곡선을 따라 중견 관리자로 성장해 온 40~50대의 자조 섞인 넋두리였다고 생각된다.

그 뒤로는 회사에서 관련/신규 사업 개발을 하던 나에게 사람들이 찾아와 질문과 상담을 하기 시작했다.

"어떤 사업이 앞으로 vision이 있는지?"

"사업을 하려면 무엇을 준비해야 하는지?"

그 당시 기억으로 나는 해외에서 새롭게 등장한 벤처 성격의 수많은 사업 Item을 설명해 주며 비즈니스 모델 중심으로 신나게 이야기를 해 주었다.

하지만 조금 지나 이것은 아닌 것 같아 이야기의 내용을 바꾸어 버렸다.

사업 아이템이나 비즈니스 모델이 중요한 것이 아니라 창업의 성공은 '누가 어떻게 하느냐에 달려 있다' 라는 생각이 떠올랐기 때문이다. 누구나 대박을 꿈꾸며 창업을 하지만 성공률과 생존율은 그야말로 눈부신 백사장에 흘린 동전 찾기와 같다.

유망한 사업은 길거리에 나가보면 쉽게 목격할 수 있고, 또 아무리 가능성이 높은 사업이라 하더라도 성공한 사람보다는 실패한 점포들이 많다. 결국 중요한 것은 사업 아이템이 아니라 어떤 장소에서 어떠한 방법으로 고객을 나의 편으로 끌어들일 것인가이다.

이러한 측면에서 오랫동안 중소상인을 상대로 교육과 창업을 컨설팅

해 온 저자는 수많은 사례를 접하며 느낀 생생한 솔루션을 제공해 주고 있다. 창업을 시작할 때 누구나 환경변화, 고객특성, 상권, 입지 등 많은 요소를 검토하고 고민하여 창업을 한다.

  그러나 모두가 열심히는 하는데 결과를 보면 잘 하는 사람은 찾아보기 힘들다. 이 책에서 저자는 창업과 경영을 잘 할 수 있는 키포인트를 찾아가는 나침판의 내용들로 구성하여 사업을 준비하고 있는 승객들을 안전한 기항지로 안내해 주고 있다.

  이론적이고 복잡한 방법론이 아니라 누구라도 쉽게 이해하고 적용할 수 있게끔 사례와 함께 제시해 줌으로써 잘 할 수 있도록 인도해 주는 책이다. "생각이 있으면 생각대로 행동하려고 노력하고 생각이 없으면 행동하는 대로 생각한다" 라는 말이 있다. 하지만 생각은 많은 지식과 정보, 경험이 모여져 만들어진다.

  창업을 시작하시는 분들이 올바른 생각을 할 수 있도록 이 책은 꼭 필요한 내용의 지식과 정보를 제공하는 데 많은 역할을 하리라 기대한다.

경기대북공동체지원센터장
전세진

목 차

01 실패 없는 창업 ——————————————————— 016

02 나를 찾아라 그리고 생각을 바꿔라 ——————————— 021

03 시대를 읽어야 성공한다 ——————————————— 023

04 4차 산업혁명의 시대 ———————————————— 026

05 피할 수 없는 현실 (4차 산업 혁명) —————————— 031

06 사람들 1 —————————————————————— 033

07 사람들 2 —————————————————————— 035

08 상권이란 ————————————————————— 038

09 상권 분류 ————————————————————— 044

10 상권 분석의 목적 —————————————————— 054

11	상권 분석 방법	061
12	입지와 입지 분석	066
13	조사와 분석	083
14	Desk Research(빅데이터 분석시스템 활용)	093
15	사업 타당성 분석	119
16	마케팅 이야기	134
17	소셜 분석(Social Analytics)	147
18	LSM(Local Store Marketing)이 중요하다	160
19	상권은 만들어진 것이 아니라 만드는 것이다	162
20	전망과 바람	165

빅데이터를 활용한 창업과 경영의

RISK
리스크 줄이기

실패 없는 창업

 오랜만에 사회 후배들을 만난 자리에서 주고받는 이야기의 주제는 인생 2막이다. "형님 이제는 임시직이라 언제든 마음의 준비는 갖추고 살아가고 있는데 내가 뭘 할 수 있겠어요. 지금까지 직장생활 한 게 전부인데. 그래서 진짜 밖에 나와 살아야 되는 두 번째 인생을 준비하지 않고는 안 될 것 같아 공부 좀 해보려 하는데 생각은 많고…. 막상 해보려 하니 뭘 해야 좋을지 답답하기만 합니다."라고 한다.

 일이라는 것이 자신이 제일 잘하고 즐겁게 할 수만 있다면 최고지만 대부분은 그렇지 못한 현실에 살고 있다. 창업을 해서 직장인이 아니라 직업인으로 살아야 하고, 생활이 아닌 생계의 전쟁터에 발을 딛게 될 때 우리는 실패하지 않고 안정적으로 오랫동안 할 수 있었으면 하는 생각을 하게 된다. 또한 내가 고민 끝에 판단하고 내린 결론이기에 성공하게 될 것이라는 확신과 신념으로 남은 인생을 걸고 전쟁터에 나선다. 하지만 막상 내가 생각했던 만큼 되지 않고 앞을 막아서는 벽들의 무게로 힘들고 지쳐 어려운 또 다른 결정을 내리는 경우가 다수인 것이 현실이다. 실패 없는 창업! 누구나 바라는 일이다. 하지만 그런 경우는 극히 드문 사례이고 이야기일 뿐이다. 그렇기에 우린 좀 더 현실적으로 생각할 필요가 있다. 어떻게 하면 실패를 줄이고 생존을 넘어 성공의 길을 보게 될 것인가를 생각할 필요가 있는 것이다.

창업에 있어 가장 중요한 요소는 창업가 정신이다.
창업가 정신이란 일상에서 벗어나 새로이 인적, 물적 요소를 결합하는 혁신성과 목표, 꿈을 갖고 도전하는 진취성, 새로운 기회의 모색에서 발생되는 리스크를 감당하는 위험 감수성을 말한다. 이 셋 중에서 현실적으로 우리가 가장 크게 느끼는 위험 감수성 때문에 쉽게 결정하지 못하는 부분이 크다는 것이다.
이러한 위험과 리스크를 어떻게 하면 최소화할 것인가, 또 현실적 대안은 무엇일까, 이런 것을 찾는 것이 빅데이터를 활용한 상권 분석시스템, 소셜 분석 등을 활용한 상권, 입지 분석이 아닐까 생각한다.

전문적 기술이나 자격을 갖고 있는 사람들의 이야기와는 조금 차이가 있겠지만 자신의 전문성이 아닌 직장생활만을 해왔던 사람이라면 기술 창업보다는 생계형 창업을 선택하게 되고 생계, 생활형 창업의 대부분은 소상인으로 시작되는 사업이라 생각된다. 아무것도 모르고 시작하게 되는 장사는 시행착오, 좌절, 자존심 상하는 일 등 생각하지 못한 많은 힘든 상황을 겪게 된다. 그러면서 과거의 자신의 모습과 현실의 자신을 자꾸 비교하게 되고 많은 생각을 갖게 된다.

하지만 직장생활을 하면서 두려워했던 밖의 세상은 오히려 더 먹고 살 것들이 많다. 내가 어떤 모습으로 어떤 노력을 하느냐에 따라 직장생활보다 더 즐겁고 더 넓은 세상을 가질 수 있다는 것을 막상 해보면 알 수 있을 것이다. 두려워할 것도, 너무 괴로워하며 고민할 이유도 없다. 세상은 내 자신에게 달려 있고 내가 어떻게 하느냐에 따라 얼마든지 달라진다.

회사를 퇴직하거나 아니면 매일 다니던 직장을 잃는 등 여러 가지 사연을 겪으면서 지금까지 이렇게 사느라 고생했으니 여행도 다니고, 정리도 하고, 뭘 할까 찾아도 보고 나서 앞으로 일을 결정하겠다는 생각들이 많다. 하지만 그런 생각으로 세상에 도전하게 된다면 앞으로 살아가면서 성공하기 힘들 것이라고, 고생이 많을 것이라고 말해주고 싶다.

직장생활 할 때와 똑같이 일어나고 똑같은 시간에 출·퇴근하듯이 하는 생활습관을 벗어나지 못한다면 자립하기 힘들 것이다. 오히려 더 부지런해지고 더 바빠야 한다. 시간이 부족할 정도로 더 바쁘게 살아야 되겠다는 마음가짐이 없다면 실패한다. 지금까지 살아온 흐름을 놓치지 말고 좀 더 긴장된 생활을 해야 성공할 수 있다.

창업을 하고, 새로운 사업을 시작해야 할 것이다.
새로운 사업과 장사, 멀리 보고 가야 한다.

장사에 성공한 사람은 상품을 많이 팔거나 돈을 많이 번 사람이 아닌, 사람들을 모이게 만들 줄 아는 사람, 사람들이 다시 찾을 수 있게 만드는 사람이다.
소비자를 고객으로 만들어야 한다.
소비자는 길거리를 다니는 불특정한 모든 사람이고, 고객은 내 점포와 상품을 이용해 봤던 사람을 말하며, 단골 고객은 내 점포와 상품이 선택의 주를 이루는 사람이라 할 수 있다.

그렇다면 내가 창업하려는 점포의 소비자는 누구이며 고객은 누구인가?
그리고 어떤 상권의 어떤 점포에 어떤 고객이 찾는가?

소비자는 어떤 이유로 고객이 되어 그 점포를 방문하는가에 대한 조사와 연구가 필요한 것이다. 특정 지역에 점포들의 집단과 무리가 형성되어 있는 곳을 상권이라 한다면 소비자가 점포를 방문하게 만들기 위해 고객과 소비자의 범위까지 정확히 파악해야 하는 것이며, 그런 상권들에 대한 조사, 분류, 분석을 상권 조사, 상권 분석이라고 한다. 또한 이런 노력이 실패 없는 창업의 기초가 될 것이다.

02
Risk Management

나를 찾아라
그리고 생각을 바꿔라

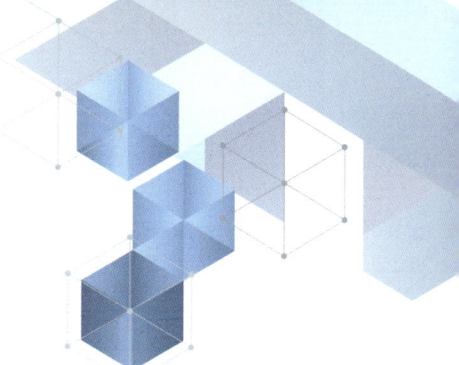

   시작한다면 꼭 해주고 싶은 이야기이다.
   사업가는 고객만 생각하고, 고객만 보면서 멀리 가야 한다.

   지금까지 우리는 무엇을 할 것인가? 어떻게 할 것인가?를 중심으로 모든 일의 실타래를 풀어 왔다. 모든 일에서 Ship, 직업 철학, 가치의 깊이와 뿌리를 찾기 힘들다 보니 스스로 지치면서 포기와 절망이 쉽게 오는 것 같다.
   이 일을 왜 해야 하는지, 어떻게 해야 하는지, 그렇다면 무엇을 해야 하는지에 대한 생각의 흐름을 바꿔보면 어떨까? 목적, 가치, 철학 등이 정립되고 '어떻게'라는 방법이 정립된다면 우리는 우리가 가지고 있는 상품에 대해 스스로가 높은 가치를 부여하게 될 것이다. 그렇게 함으로써 우리의 생각과 행동은 달라질 것이고 또한 고객들이 바로 느끼게 됨으로써 성공의 길을 가지 않을까 생각한다.

우리 스스로가 무엇인가에 얽매이다 결국은 나의 가치와 철학을 놓치게 될 것이며 돈을 벌 수 있는 실질적인 장사나 고객을 만족시키기 위한 노력보다 겉치레 같은 서비스에 집중한다면 성공보다는 실패가 먼저 오게 될 것이다. 고객에 대한 겉(外)사랑만 가득 채우려 한다면 가슴으로 느끼는 진짜 사랑과 만족은 사라지게 되면서 결국은 오래 가지 못하게 되고 마는 현실적인 상황이 일어나는 것은 아닐까?

장사를 한다는 것, 돈을 번다는 것은 나의 철학과 가치와 가슴이 고객에게 전달될 때 비로소 성공한다는 것을 알아야 할 것이다.

새로 준비하고 시작하는 것이라면 부탁하고 싶다.

우리가 가진 상품에 대해, 우리가 하고자 하는 일에 대한 명확한 해답과 가치를 정립하라. 왜 해야 하는지에 대한 확실한 정립과 어떻게 할 것인지를 분명히 정리하라. 무엇을 먼저 할 것인가, 그렇다면 어떻게 해야 하는가에 대한 목적과 방향을 먼저 뚜렷이 세우고 도전하라는 것이다.

그렇지 않으면 시간과 노동력을 헛되이 투자한 자신을 먼저 탓할 수도 있다.

03 Risk Management
시대를 읽어야 성공 한다

우리는 4차 산업혁명 시대를 살아가고 있다.

이런 시대의 변화에 적합한 생각과 방법을 갖지 않고서는 성공하기 힘들다.

순발상이든 역발상이 되었든 그 시대에 일어나는 현상과 환경에 대한 느낌이 없는 사업은 백전백패를 불러온다. 소상인들이라 해서 거시적 마케팅 환경을 무시하고 사업을 할 수 없는 것이다.

정치, 경제, 사회, 문화, 인구환경, 기술환경, 기후환경 등의 변화에 대한 정보와 지식 등을 항상 접하려 노력하고, 그에 따른 트랜드 변화 및 소비자 변화를 알고 적응하는 사업가가 되어야만 영속적인 유지와 성공을 가질 수 있다.

배달앱은 왜 뜨는지, 소포장은 왜 일반화되어 가는지, 디자인 경영은 왜 중요한지, 왜 백화점의 신규 진출과 대형 유통점들은 줄고 있는지, 그리고 가로수길, 경리단길, 망리단길, 성수동 등은 왜 뜨고 있는지….

　이런 의문점과 해답은 어디에 있는 것인지 내 스스로 찾으려고 노력하고 공부하다 보면 당연히 내가 하고자 하는 사업의 아이템이 떠오를 것이다.

　작금의 변화와 트랜드를 키워드로 묶어 보면

나홀로족, 소가구 시대의 1 코노믹

고령화

가성비를 지나 가심비

Fun & Fast

YOLO(You Only Live Once)

근거리 소비성향

O2O

공유경제

능동적인 소비자

소확행(소소하지만 확실한 행복)

팟팸

．

．

．

등이라고 정리할 수 있다.

이곳에서 우리가 설 곳을 정리해 보면 어떨까?

생활에서 경제를 읽고 이 시대의 다양한 방법들과 또 넓은 세상을 보라.

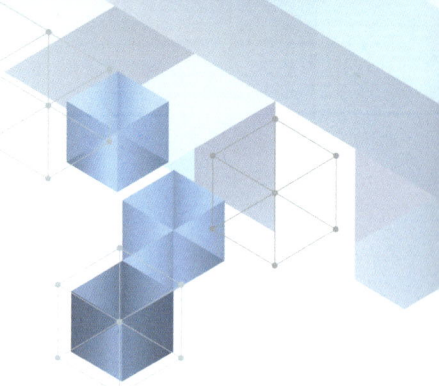

4차 산업혁명의 시대

인류의 산업혁명을 구분해 보면

1차 산업혁명 (18C)
증기기관을 기반으로 한 기계화 혁명

2차 산업혁명 (19세기~20세기 초반)
전기에너지를 기반으로 한 대량생산 혁명

3차 산업혁명 (20세기 후반)
컴퓨터, 인터넷을 기반으로 한 지식정보혁명

4차 산업혁명 (2015년 전후 ~)
IOT, CPS, AI를 기반으로 한 초지능 디지털 혁명

4차 산업혁명의 개념은 사람, 사물, 공간을 초연결, 초지능화하는 만물 초지능 혁명이라 할 수 있다. 즉 'AI와 ICBM(IoT + Cloud + Big Data + Mobile)을 결합한 지능정보기술로 경제, 사회, 삶 모두가 혁신적으로 변화하는 지능정보사회 도래' 라 할 수 있다. 이는 정보통신기술(ICT)의 융합으로 이루어낸 혁명이다. 4차산업의 특징은 초연결성, 초지능성, 예측 가능성으로 변화를 주도하는 핵심산업으로는 인공지능(AI), 로봇, 빅데이터, 3D프린터, 사물인터넷(IOT), 자율주행자동차, 가상현실, 증강현실, 공유경제, 드론, 스마트시티, 클라우드 컴퓨팅, O2O 등으로 볼 수 있다.

4차 산업혁명으로 인한 대표적인 4가지 모습들을 보면 우리 생각, 우리 상상 이상의 엄청난 변화를 볼 수 있다.

첫째. 데이터, 지식이 새 경쟁력 원천(기술 융합)

개별 단일기술이 아닌 다양한 기술의 혁신과 융합에서 촉발되고 AI + ICBM 기술의 획기적 발전 및 폭넓은 연결이 확장된다.

둘째. 기술의 기하급수적 변화(변화 속도)

과거 인류가 경험하지 못한 엄청난 속도의 기술 진보를 가져오며 기하급수적 혁신(Exponential Innovation)으로 산업혁명 주기가 단축된다.

1차에서 2차까지 200년, 2차에서 3차 90년, 3차에서 4차까지는 불과 25년 정도이다. 지금의 디지털경제 경쟁은 속도 경쟁이다

셋째. 혁신산업과 사회 전반에 걸친 충격(산업 격변)

데이터 · 지식이 산업의 새로운 경쟁 원천으로 부각된다.

스스로 데이터를 확보할 수 있는 생태계를 구축하고, 이를 활용할 수 있는 기업이 시장을 주도하고, 경쟁방식은 플랫폼 및 생태계 경쟁 중심으로 산업의 경쟁방식이 변화된다. 지능정보 플랫폼을 통해 관련 제품과 서비스들이 연결되어 통합 서비스로 작동함으로써 단품 형태의 제품, 서비스를 압도한다.

또한 경쟁구도는 생태계 선점기업이 시장을 독식하면서 승자독식이 구조화된다.

넷째. FIRST MOVER 승자 독식 세계(사회 충격)

지능정보기술의 노동 대체로 일자리 감소가 우려되고 신산업 분야에 새로운 직업의 출현과 비전형 탄력적 고용 확대가 예상된다. (공유경제, O2O서비스 등 플랫폼 기반 서비스의 발전으로 비전형적 고용이 지속적으로 확대)

순기능으로는 각종 서비스의 비용 감소 및 품질 향상으로 삶의 편의성이 증대하여 생활 전반에 걸쳐 개인 맞춤형 서비스 제공이 확대되며, 역기능으로는 양극화 심화, 분쟁 증가, 개인정보 유출, 인간 소외 등이 우려된다.

💬 4차 산업혁명 시대 성공의 핵심은

변화는 방향과 속도이며 큰 기업이 작은 기업을 이기는 것이 아니라 이제 빠른 기업이 느린 기업을 잡아 먹는다.

따라서 발빠른 좌표 설정과 속도경쟁 우위를 점하는 것이다고 생각된다. 얼마 전 어떤 자료를 보니 4차 산업혁명 시대가 되면 지능 정보 기술의 노동 대체로 일자리 감소가 우려되는 반면에 새로운 직업의 탄생과 비전형 일자리 증가가 예상된다고 한다.

사무 행정, 제조 생산, 건설 채굴, 디자인, 미디어, 법률, 시설 정비 등에서 순감소가 예상되며, 비즈니스, 금융, 경영, 컴퓨터 수학, 건축, 엔지니어링, 영업 관리직, 교육훈련 분야에서 증가를 보일 것이라 예상한다고 한다.

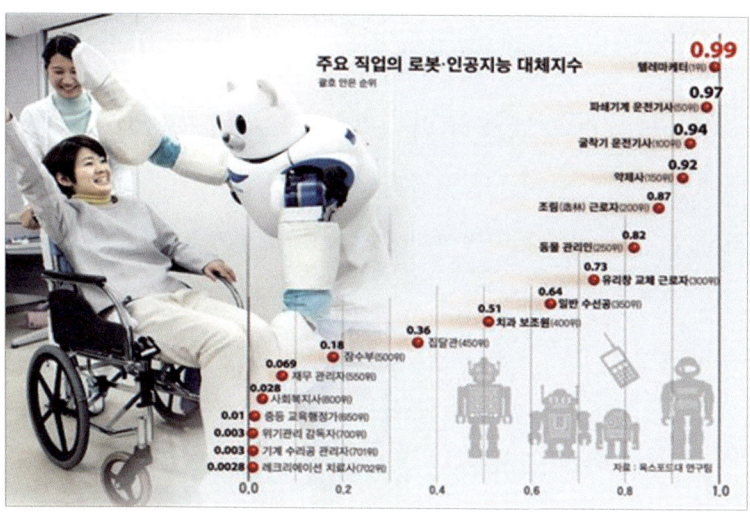

(출처: 가트너 2016 전망 브리핑)

가장 사라지기 쉬운 직업은 텔레마케터, 파쇄기 운전사, 약제사… 등과 그와 반대로 대체가 어려운 직업은 레크레이션 강사, 위기관리 감독자, 교육행정가, 사회복지사 등이라 한다.

잠시 생각해 보면 4차 산업혁명 시대에 우리가 먹고 사는 일에는 사람, 감성, 심리, 관계 등과 같이 사람만이 느끼고 해결해가는 분야가 아닐까 싶다.

이미 일본에서는 로봇이 서빙을 한다. 하지만 음식은 요리사가 만들지 않는가? 앱의 시대가 저물고 봇의 시대가 등장하며 ICBM은 21세기 산업의 석유가 될 듯 하다고 한다.

과거 폐쇄형 혁신에서 개방형 혁신의 시대로 융복합이 자유로워질 듯도 하다. 우리도 작고 소소하지만 확실한 나만의 직업을, 직장이 아닌 직업을 가질 때가 된 듯 하다.

4차 산업혁명 시대, 아니 더 나아가 미래의 내가 살아가는 것에 대한 많은 고민은 지금의 환경과 나와 경쟁자, 그리고 고객에 대한 조사, 분류, 분석이 뒤따라야 리스크를 줄일 수 있고 성공의 모습에 조금 다가서지 않을까?

05 Risk Management
피할 수 없는 현실
(4차 산업혁명)

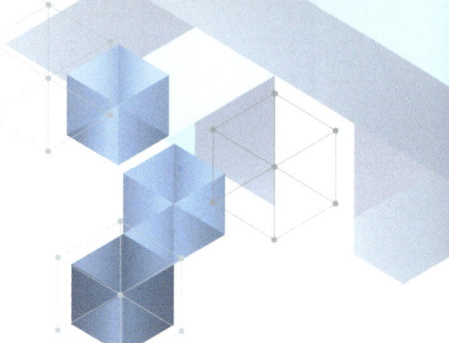

　2015년부터 불어오고 있는 4차 산업혁명은 머지않아 인력시장 패러다임 변화에 충격적인 일자리 청소를 실시할 것이다. 알다시피 독일의 아디다스는 기존 노동력을 1/60로 감소시켰다.

　값싼 노동력을 찾아 아시아로 공장을 옮겼다가 23년 만에 로봇을 앞세워 '스피드팩토리'를 설립하여 독일 국내 생산을 시작하였다.

　로봇의 스피드팩토리는 600명 직원을 10명으로, 제작 후 배송기간을 6주에서 5시간으로, 생산 제작 후 매장 진열까지를 1년6개월에서 10일로 단축시켰다.

　모 은행은 소비자 대상 지점수를 현 126개에서 25개로 축소할 예정으로 발표하여 금융기관들의 점포 축소 움직임이 시작되었다.

　4차 산업혁명에 따른 다보스 전망에 따르면 사무행정직의 타격이 가장 큰 가운데, 전체 일자리 중에서 미국이 47%, 영국은 35%의 일자리 감소가 예상되며, 중국은 무려 77%가 일자리를 잃을 것이라고 내다보았다. 우리나라는 정부 예상에 따르면 2025년까지 1,800만 명의 일자리가 위협받을 수 있다고 내다보고 있으며, 이는 우리나라 경제활동 인구의 70%에 달하는 어마어마한 숫자이다.

이런 가운데 우리나라는 고령사회에 진입하여 초고령 사회로 가고 있다. 이제 스마트 공장이나 로봇이 그 일을 대신하고 자동차도 곧 스스로 가는 판국이다.

하지만 4차 산업혁명 시대에 로봇이 대체할 수 없는 직업을 보면 (2016년 가트너) 레크레이션 강사, 상담사, 영업직과 같은 사람의 감성, 감정, 느낌, 마음, 관계까지는 아닌 것 같다. 따라서 서빙하는 것은 로봇이 할 수 있지만 개인 식성에 맞는 요리는 사람이 하지 않을까 한다. 따라서 소상공인들의 직업 선택이 중요할 듯하다.

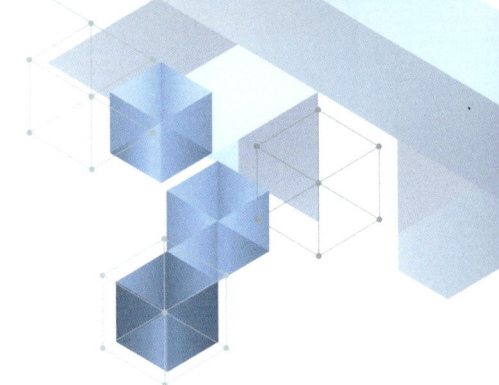

06 Risk Management
사람들 1

얼마 전 강의를 갔다가 평소 알고 있던 직원이 없기에 찾아 보았더니 남편과 함께 모 회사의 창업교육을 받고 있다고 한다. 마침 다음날 만날 수 있어 물어 보았더니 수서 근처에 치킨집 프랜차이즈를 하려 준비중이라고 한다.

있는 돈 다 끌어 시작하는데 닭도 한번 안 튀겨 보았고, 지금까지 경험도 없고 아무 것도 모르는데 할 것이 너무 많다고…. 개인이 오픈하려면 몰라서도 못할 듯 하다고…. 그래서 사람들이 그냥 프랜차이즈를 하는가 보다고 한다.

준비하고 조사하고 마음의 결정을 짓고 일의 순서를 정하여 시작하여도 몸살이 날 지경일텐데…. 그리고 불현듯 내가 지금 잘 하는 짓인가 자문할지언데….

이렇듯 시작되는 우리들의 창업이 힘들고 고난의 길에 접어드는 것이라는 것이 시작 단계부터 여실히 드러난다.

그럼에도 중장년 창업이란 인생의 험지로 가는 이유는 퇴직 후 막상 닥치게 되는 필요한 생활의 소요자금이 부족하다는 입장이 69.1%에 달하기 때문이다.

그러다보니 손쉬운 창업수단인 프랜차이즈 등의 비즈니스 모델이 주를 이루고 있다. 특히 외식창업이 줄을 잇게 되는데….

외식 프랜차이즈 본사의 수명은 공정거래위원회 자료에 의하면 중식이 3년1개월, 커피점이 4년1개월, 분식점이 4년4개월, 치킨이 6년1개월이면 본사가 사라진다고 한다.

사업 경영의 본질을 볼 때 어느 사업이나 최소한 6년은 넘어야 자리를 잡는다고 경험적으로 응답하고 있는데, 결국 외식 프랜차이즈는 본사 조차도 그 기간을 넘기기 어려운 현실임을 보여주고 있다.

최근 조사한 자료에 의하면 일부 대기업의 중도 퇴직자들은 약 37세에 다음 직장을 찾는 것으로 나타났다. 이렇게 중장년의 나이에 돌연 평생 직장과 준비 안된 이별을 하게 되는 직장인 출신들 넷 중의 셋은 재취업을 원하지만 일자리는 하늘의 별따기이고, 사람들을 무작정 창업 생존의 길로 내몬다는 것이다. 하지만 현실적으로 닥치면 떠밀려 할 수밖에 없는 창업이 되는 것이다.

07
Risk Management
사람들 2

  지나가딘 길에 보여지는 모습이 예전 같지 않았다. 북적이던 가게는 일찍 문이 닫혀 있고…. 사장님 요즘 장사 안 해요? 전화를 걸어 보았다. 알바만 돈 벌어서 그냥 때 되면 잠시 운영하는 시간 장사만 한다고 한다.

  그래도 이 식당의 사장은 나름 오랜 경험과 노하우로 성공을 했고 여러 가지 이유로 친한 이웃 가게 사장들과 동업하여 2~3곳의 음식점을 열어 장사를 시작하였다. 참여한 사람들 모두 현재도 가게가 성업중이고 이 분야의 경험을 살려 시작한 가게이다. 그런데 우리가 말하는 개업빨이 빠지니 왜 이렇게 되었을까?

  몇년 전 창업진흥원 자료의 창업기업 생존율 추이를 보면 개인 기업의 경우 3년 후 47% 폐업, 5년차 폐업률은 63%로 나타난다. 특히 서비스업, 도소매업의 창업 생존율은 저조한데 서비스업 생존율은 3년 후 53%, 5년 후 37%, 10년 후 22%이고, 도소매업 생존율은 3년 55%, 5년 40%, 10년 24%로, 음식점 및 숙박업 생존율은 3년 43%, 5년 27%, 10년 13%로 전체 기업 평균율 55%, 39%, 24%에 비해 저조하다고 한다.

떠밀린 창업, 목적보다는 살아야 한다는 생각으로 시작되는 현실….

창업이란 준비도 필요하지만 사실은 자신에게 맞아야 한다고 전공학자들은 주장한다. 또한 사업가란 오랜 기간 동안의 여러 가지 준비도 필요하고, 심지어 타고난 체질도 많이 중요하다. 관련 학자들은 창업이란 적어도 2~3년 정도의 준비가 필요하다고 말한다. 더욱 중요한 사업가 자질은 하루 아침에 이루어지기 어려운 자기극복의 과정이 필요하다. 대체로 사업가에게 요구되는 기본적 덕목으로 직장인 출신들이 갖추기 어려운 점들은 위험 추구, 도전정신, 결단력, 자기 회복력 등 지치지 않는 열정과 의지가 창업가 정신이며 기업가 정신이다.

💬 감히 필자가 창업자들에 제언을 한다면

준비된 창업이 중요하다. 상권 정보 및 창업교육, 컨설팅 등을 통해 실패 없는 창업, 준비된 창업을 해야 한다. 창업을 준비하는 과정에서 철저한 사업 타당성 분석, R&D, 창업에 따른 개인의 리스크와 각종 지원제도 등을 알아보고 각종 빅데이터를 활용한 상권 정보 등을 통한 조사 분석을 해야 한다.

대전의 모 대학 앞에 100평짜리 커피숍을 창업하여 14년 경영했으나 사전 조사 부족으로 폐업 후 빅데이터를 활용한 상권정보시스템을 통해 상권 변화 추이, 입지, 업종의 적합성 등 현황을 파악하고 재창업 후 성공한 사례를 보았다.

이제는 막연한 경험과 감으로, 그리고 주변의 권유와 평가로 사업을 시작하는 시대는 지났다. 정확한 조사, 진단, 분석을 통한 확실한 데이터에 나라는 사람의 역량을 더해야 하는 시대이다. 또한 사회환경 변화에 따라 많은 수요가 예측되는 새로운 분야와 과밀업종 탈피를 위한 신사업에 도전하고, 기존 사업자들의 경우에도 비생계형 업종으로의 재창업 또는 업종 전환을 생각해 보는 것도 가능하다.

이에 어쩌면 이 책이 먼저 경험하고 학습하고 연구한 선배로서 창업자들에게 길라잡이의 역할을 할 수 있었으면 하는 마음이다.

밥을 먹여줄 수는 없지만 밥을 짓고 먹는 방법을 말해주고 싶다.

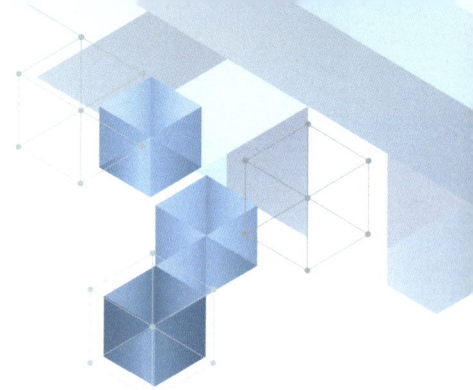

상권이란

　우리가 흔히 말하는 대박 상권이란 존재하지 않는다.

　아무리 유동인구가 많고 사람들이 북적거리는 상권이라 해도 망하는 집은 있다. 골목상권도 지역상권도 사람들이 만들어 가는 것이다. 방법이 있다.
　바로 그 방법으로 함께 힘을 합칠 때 대박 상권이 형성되고, 유명한 길과 거리도 만들어지는 것이다. 우리나라 법의 상권에 관한 규정을 보면 "영업지역으로서 상품 또는 용역을 판매하는 지역"이라고 명시되어 있다. 과거에는 상권을 부동산적 측면의 고정된 범위로 설명했고 또 그렇게 인지했다.

　'점포의 영업력이 미치는 범위'를 상권이라 한다면 장사하는 범위, 즉 점포가 공략할 수 있는 범위이다. 상권은 지형, 지세, 건물, 유동인구 등을 포함한 모든 거래가 일어나는 범위를 말한다. 또한 상권이란 점포와 고객을 끌어들이고 모이게 하는 지리적 영역이며, 소비자들이 선호하는 공간의 범위를 의미한다.

지금까지 상권을 분류할 때 사용해 왔던 사례를 보면
(주장하는 차이는 조금씩 있지만),

1차 상권
- 대부분 지리적으로 인접한 지역에 거주하는 소비자로 해당 점포 이용 빈도 높음
- 점포 매출액이 가장 높은 만큼 마케팅 전략에서 가장 관심을 기울여야 할 고객층
- 점포를 기준으로 300m 이내 지점, 직경 600m 이내의 지점
- 1차 상권 내에서 사업장 이용 고객은 60~70% 수준

2차 상권
- 2차 상권은 주로 1차 상권의 외곽에 위치하며 지역적으로 넓게 분포.
- 점포를 기준으로 500m 이내 지점, 직경 1000m 이내 지점
- 사업장 이용 고객의 20~30%

3차 상권
- 1차, 2차 상권에 포함되지 않은 나머지 소비자들이 거주하는 지역
- 1, 2차에 비해 고객수와 구매 빈도가 낮기 때문에 점포 매출액에서 차지하는 비중 낮음
- 점포를 기준으로 반경 1000m 이외의 지구
- 사업장 이용 고객의 5~10%

의 형태로 지금까지 구분되어 왔고 상권에 대한 분류, 분석의 기본으로 여겨왔다.

하지만 우리가 너무도 잘 알고 있는 속초의 '○○닭강정' 점포의 상권은 어찌 될까? 군산○○당, 대전○○당 제과점의 상권은? ○○맛집, ○○상점, ○○대박집, 어떤 지역의 앵커 점포들의 상권은? 이런 점포들의 상권 범위는 어디까지일까?

이렇게 묻는다면, 대략 난감 그 자체이다. 이런 상황을 보면 기존의 상권 개념에 맞지 않다는 것을 알 것이다. 상권과 입지의 문제가 아니라는 것을 알 수 있다.

가만히 살펴보면 어떤 점포는 줄을 서서 기다리고 있는데 어떤 점포는 사람이 하나도 없다. 무엇이 문제일까? 어떤 일이 벌어지고 있는 것일까? 어떤 점포들은 텅텅 비어 있는데 다른 점포들은 줄을 서서 대기를 하고 있다. 왜 그럴까?

우리나라에서 사람들이 가장 많이 몰리는 곳은 신촌, 홍대, 강남, 부산 서면 등이며 그곳이 바로 대표적인 상권이고 유동인구가 많아서 매출이 높은 곳이라고 우리는 알고 있다.

그러나 가만히 보면 그런 유명 상권에도 임대문의가 붙어 있고, 문을 닫는 점포가 있고, 업종 변경이 계속해서 이루어진다는 것을 확인할 수 있다.

새로 가게를 오픈해서 영업을 하는 영업기간이 매우 짧고 '임대

합니다'가 많이 발생하고 있다. 그 이유는 상권은 고정적이지 않고 유동적이며 경쟁자와 소비자, 내가 존재하면서도 보이지 않게 계속 변화하고 있다는 것이다.

흔히 '상권이 매우 고정적이다' 라는 것은 말 그대로 고정적이지만 그 고정적인 상황에서 내가 준비해야 할 부분을 도출하고, 원인을 찾고, 유동적인 부분을 찾아 적용할 수 있는 상황을 만들어야 한다는 것이다. 과거의 상권 개념과 현재의 상권의 개념은 분명 차이가 있다고 생각된다.

현재의 상권은 내가 무엇인가를 해서 소비자가 나를 선택하게 하는 범위를 상권이라 말할 수 있다. 즉 과거의 개념은 상권이 형성될 수 있는 조건으로 지형 지세와 건물, 그리고 별도의 홍보비용 없이 점포가 자연스럽게 노출될 수 있는 유동인구가 많은 지역을 뜻했다. 그러나 현재의 개념은 내 점포, 고객(소비자), 경쟁 점포로 구분하여 고객(소비자)이 무엇을 원하는가를 알고 고객의 입장에서 Needs를 판단하여 경쟁자와 타 점포들이 갖추고 있는 장점과 단점을 분석하여 이겨낼 수 있는 방안을 모색하고 전략과 마케팅을 실행하는 것이라 할 수 있다. 따라서 지금의 상권은 고정적이 아닌, 계속해서 변하고 있는 유동적 범위라고 볼 수 있다.

얼마 전 뉴스에도 나왔지만 현재는 백화점 신규 진출 계획이 없고 내부 MD 구성도 변하고 있으며, 대형 유통점도 어느 정도 일정 부분 정리되어 가고 있다. 이것이 무엇을 말하는지 자세히 살펴볼 필요가 있다.

 옷을 사고 화장품을 구매할 때 어디로 갈까? 생필품을 구매하고 전문용품을 살 때는 또 어디로 갈까? 과거 백화점을 방문하여 구매해 왔던 상품과 제품을 온라인, 홈쇼핑, SNS 등 다른 구매 채널을 활용하는 구매패턴으로 옮겨 가면서 상권과 입지, 쇼핑 공간의 MD 구성도 변하고 있는 것이다. 새로이 생겨나는 대형 쇼핑몰(○○필드 등)들과 같이 복합 공간화 및 스토리와 즐거움과 One Stop 전략을 복합 몰 전체에 접목하고, 철저한 점포 MD전략을 통한 앵커 점포를 중심으로 낙수효과를 노리며 소비자들의 욕구를 충족시킬 수 있는 장소로 다가서고 있다.

 대형 마트 구매 고객층의 연령 변화에 따른 상품전략 변화. 인구 환경 변화에 따른 영업 전략 등 나의 차별화된 상품으로 소비자를 만족시키는 것, 이것이 바로 내가 해야 하는 가장 중요한 상권과 입지 분석의 요소라고 설명할 수 있다.

 사람을 끌어들이기 위해 모 백화점은 서점과 영화관과 유명 먹거리를 유치하여 복합 공간화하고 있다. 이런 대형 몰의 전략들을 보면서 상가, 상점가, 전통시장뿐만 아니라 건물, 지역상권 및 골목상권을 위한 전략들이 필요할 때이다.

 ○○거리, ○○○길 등처럼 이제는 점포 각자의 전략과 골목, 지구, 지역 전체의 전략이 융·복합적으로 세워져야 할 때인 것 같다.

 광화문 광장 거리에는 사람들이 왜 많지 않은 걸까? 가로수길,

경리단길, 강남역, 홍대거리에는 사람들이 왜 몰리는가?

사람마다의 심리가 있다. 걸음의 속도, 눈으로 보여지고 느껴지는 역동적인 변화가 있는 곳에 ○○길, ○○거리 등이 살아나고 죽어가는 이유가 있다.

골목상권을 살리고 특정 상권을 활성화하려면 사람을 읽어야 한다. 지금의 특정한 점포에 소비자들이 몰리는 이유는 바이럴(입소문), 소셜, 온라인이 존재한다.

마케팅 방법이 변하고 이 흐름들이 고객을 대변하고 있다.

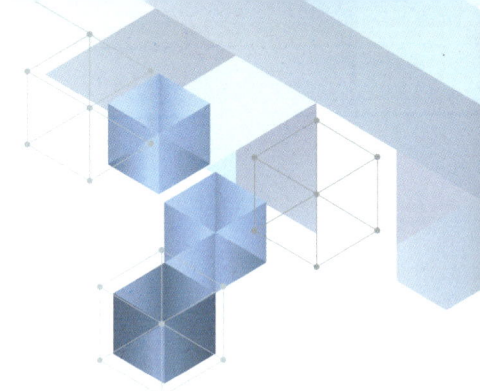

09 Risk Management
상권 분류

　상권은 크게 두 가지, 오프라인과 온라인 범위로 설명할 수 있으며 오프라인 범위는 공간적 범위와 시간적 범위로 구분하여 설명하기도 한다.
　상권을 분석할 때 공간적, 시간적으로 분류되는 오프라인과 인터넷, 소셜의 온라인으로 나누어 볼 수 있다.

　첫째, 공간적 범위의 상권을 분류할 때 상세권과 상가권으로 설명할 수 있다.
　상세권이란 하나의 점포가 미치는 세력의 범위(지역), 즉 점포를 이용하는 소비자가 위치하는 범위, 소비자의 거주 또는 근무 범위라고 할 수 있다. 보통 상권이라 이야기할 때는 상세권을 말하는 것이다. 상가권은 여러 개의 점포들이 모여 형성되어 있는 구역이나 점포가 밀집된 곳을 이야기한다.
　상가권이란 강남, 서면, 홍대, 신촌, 둔산, 충장로 등과 같이 소비자 중심이 아닌 상가들이 모여 있는 지역을 말하며 부동산적 측면으로 볼 수 있다.

그래서 상권을 분석할 경우 상세권을 분석할 것인지, 상가권을 분석할 것인지 알아야 한다.

둘째, 상권을 공부하고 연구하는 사람이라면 시간적인 범위가 존재한다는 것을 알아야 한다.

개점하고 폐점하는 시간을 8시로 할 것인가, 12시로 할 것인가, 아니면 언제로 해야 할까? 이런 부분을 고민하는 것이 상권을 분석하는 목적이 된다.

결국 소비자(고객)가 이용하는 시간은 정해져 있다는 것이다.

만약 음식점을 경영한다고 가정한다면 어느 시간대에 어떤 상품의 매출이 가장 좋은가를 알아야 한다. 이런 분석을 통해 시간적 범위, 상품, 인력 활용, 기타 준비 등을 집중할 수 있다. 따라서 시간적 범위를 분석함으로써 선택과 집중이 가능해지며 인력 운영과 배치, 상품, 서비스 등 리스크를 줄여 수익성을 높일 수 있다.

셋째, 아주 중요한 것이다. 상권의 또 다른 정의로 온라인 상권을 빼고는 말할 수 없다. 매우 중요한 수단이다. 페이스북, 인스타그램, 유튜브, 블로그, 카페 등 SNS상의 영상물과 글, 그리고 이미지 숫자 등은 온라인 상권의 특징이라고 할 수 있다. 사람들의 소통과 정보 공유와 교환의 장이 웹과 앱이라는 온라인 공간이 되면서 그 속에서 광고, 홍보가 이루어지고 실제로도 매우 큰 효과를 보이고 있다.

무엇보다 나와 똑같은 욕구를 가진 사람들이 서로 정보를 공유하고 추천하면서 공감대를 형성해가는 부분이 큰 설득력을 주는 것이다.

과거부터 상권을 분류하는 기준에는 여러 가지가 있는데, 상권 크기에 따라 대형 상권, 중형 상권, 소형 상권으로, 고객 밀집도에 따라 1차 상권, 2차 상권, 3차 상권, 주변 환경에 따른 오피스 상권, 주택가 상권, 대학가 상권 등으로, 소비자 구성에 따라 유동인구, 배후인구(거주,직장 등), 상권 내 업종 구성비에 따라 일반형 상권, 외식형 상권, 유통형 상권, 복합형 상권으로 분류했다. 또한 구매, 소비 수준(객단가, 테이블 단가)에 따라 상, 중, 하 상권으로 분류했다.

1 상권 크기에 의한 분류

고객 확보가 용이한 지역으로, 고객들의 구매욕구와 소비욕구를 충족시킬 수 있는 상품, 서비스, 기타 등이 밀집된 지역을 말하여 대형, 중형, 소형 상권으로 설명된다. 대형 상권은 전국 100대 상권으로 상가권 일 매출이 10억 이상이며 유동인구 1만 명 이상의 상권을 말할 수 있다. 중형 상권은 프랜차이즈 음식, 먹거리 등이 위치하는 상권으로 대형 상권을 제외한 전국의 200~300개 상권이 속한다. 소형 상권은 다수의 점포를 보유한 프랜차이즈들이 입점해 있고 대형, 중형 상권을 제외한 1,000여 개 상권을 말한다. 또한 행정적으로 골목 상권, 지역 상권, 광역 상권, 전국 상권으로 설명할 수 있다. (자료: 소상공인정책본부(2007). 지역상권개발제도 도입계획, 중소기업청)

2 고객 밀집도에 의한 분류

1차 상권은 통상적으로 도보로 10분 이내, 반경 500m 이하로 고객의 범위가 70%로 설명할 수 있는 곳이다. 이것을 기준으로 해서 지역 상권으로 확장할 수 있는 전략을 바탕으로 해서 광역 상권으로 확장될 수 있도록 해야 한다. 결국 1차 상권의 범위가 매우 중요하다는 것을 설명하고 있으며 범위 외까지 접수하기 위해서는 그만큼 전략을 구체적으로 수립해야만 가능하다는 것을 알아야 한다.

3 상권의 특성(환경)에 따른 분류

주택가 상권, 사무실 상권, 주거 상권, 역세권 등 흔히 말하는 상권의 분류이다. 이것은 상권의 특성을 설명하기 위한 분류라는 것을 기억해야 한다.

오피스 상권은 관공서, 회사원이 주 고객층이 되는 지역으로 점심, 퇴근시간에 많은 고객이 유입되지만 주말은 떨어진다. 주택가 상권은 거주지에 위치한 상권으로 가족과 주부 상대 중심의 영업이 주를 이룬다. 번화가 상권은 주변 집객시설(영화관, 쇼핑몰, 유흥업소 등)을 이용하는 고객이 많고 소비성향이 강하며 연령대가 다양하다. 역세권 상권은 기차, 지하철역 주변 상권으로 유동인구가 많고 시간적인 제약이 있어 빠른 서비스 제공을 원한다. 대학교 주변 상권은 고정 고객이 많은 편이며 가격에 민감한 상권으로 주중, 주말 차이가 크고 방학 기간에 매출 감소 등의 요인이 있다. 교외 상권은 자동차를 이용하는 중·장년층 고객이 찾는 곳으로 가격에는 둔감한 반면 날씨 등 환경의 영향이 크다.

위 상권별 사례로 상권 분석 측면의 고객을 설명한다면, 주택가 상권은 점심과 주말 매출을 중심으로 전략을 수립할 수 있다고 볼 수 있다. 이처럼 정확한 목표와 목적을 가지고 창업할 수 있어야 한다는 것을 말하고 싶다.

4 업종 구성비에 따른 분류

이것은 상권의 특성을 설명하는 부분이다. 업종 구성비에 따라 외식형, 일반형, 유통형, 복합형으로 규정했다. 이에 따른 업종 구분은 음식, 소매·유통, 생활 서비스, 여가·오락, 의약·의료, 학문·교육 등으로 나눈다. 반경 1km 안에 한식과 양식, 유흥주점의 구성비가 다른 이유가 존재하고 있다는 것이다. 유흥주점이 많을수록 한식의 비중이 낮을 수 있고 한식의 비중이 높으면 유흥주점의 비율이 낮을 수 있다. 우리는 음식점의 구분을 가격의 차이를 통한 업태를 중심으로 나눌 수 있으며, 가격의 차이란 소비 수준이나 소득 수준과 연결된다는 것을 알 수 있다.

5 소비자에 따른 분류

배후인구 중심형과 유동인구 중심형으로 나눌 수 있는데 유동인구 중심형은 특정한 집객 시설들로 인하여 많은 소비자가 집중되는 상권으로, 불특정 다수의 소비자를 주 타깃으로 하는 상권을 말한다. 배후인구 중심형은 목표 고객이 명확하고 상권 배후에 아파트, 주거지, 회사, 사무실 등이 밀집해 있고 배후지 인근에서 반복적 구매가 가능하다.

6 Target 마케팅 가능성에 따른 분류

　관리 가능 상권과 불가능 상권으로 나눌 수 있으며 관리 불가능 상권은 강남, 홍대, 서면, 충장로, 동성로, 중앙로… 등과 같이 일반적으로 유동인구의 거주지가 먼 거리인 상권으로 인터넷, SNS 등을 활용한 극복이 가능하다. 관리 가능 상권은 신도시, 계획도시와 같이 유동인구의 거주지가 근거리인 상권으로 저비용을 활용한 다양한 마케팅 활동이 가능하다.

7. 정량적 원칙, 정성적 원칙의 분류

정량적 원칙에는 '이리에'가 만든 입지와 상권을 선택하는 원칙이 기록되어 있다. (보편적으로 사용됨)

구분	판정기준		
	A급	B급	C급
1차 상권(반경 500m)인구수	15,000명 이상	10,000명 이상	5,000명 이상
2차 상권(반경 1km)인구수	50,000명 이상	30,000명 이상	20,000명 이상
상권 인구 증가율	5% 이상	3% 이상	1% 이상
상권 1세대당 인구수	2.5인 이상	2인 이상	2인 이상
상권 사업체 수	증가	미세한 증가	변화 없음
점포에서 역까지 시간(도보)	1분 이내	5분 이내	8분 이내
점포에서 역까지 거리	30미터 이내	50미터 이내	100미터 이내
전면 도로의 차량 통행량(12시간)	10만 이상	7만 이상	5만 이상
전면 도로의 유동인구수(12시간)	10000명 이상	7000명 이상	4000명 이상
점포의 가시성	매우 양호	양호	보통
주차 가능 대수	20대 이상	10대 이상	5대 이상
점포의 전면	7미터 이상	4미터 이상	2미터 이상
점포의 위치	1층	1+2층	2층 이상+지하
간판 설치 위치	전면, 측면 가능	전면	측면

정성적인 원칙 (넬슨 8원칙)

1. 상권 잠재력으로 상권의 힘과 크기(고객을 끌어들이는 정도, 상권의 번성 정도)
2. 접근 가능성으로 상권 내에 고객을 내 점포로 끌어들일 수 있는가에 대한 가능성으로 상권, 점포 접근의 편리성(도보, 자동차, 기타 집객시설 등)
3. 성장 가능성으로 상권 배후에 인구 증가, 소득 수준의 향상으로 시장 규모나 관심 점포, 상권의 매출액이 성장할 가능성
4. 중간 저지성으로 점포와 상권이 고객과의 중간에 있음으로써 경쟁 점포나 이미 형성된 상권으로 접근하는 고객을 중간에 차단할 수 있는 가능성
5. 누적 흡인력(끌어들이는 힘)으로 영업 형태나 동일한 점포가 밀집되어 있어 고객의 유입을 극대화할 수 있는 가능성과 기업, 사무실, 학교, 문화시설 등과 인접함으로써 고객을 끌어들이기에 유리한 조건에 속해 있는가에 대한 부분이다. (창업자는 아이템에 따라 중간 저지성 또는 누적적 흡인력을 선택할 것인지를 판단해서 결정해야 함)

6. 양립성으로 점포가 상호 보완성이 있게 서로 인접해 있어 고객을 끌어들이는 힘을 높일 수 있는 가능성
7. 경쟁 회피성으로 경쟁점의 위치, 규모, 형태 등을 감안하여 창업자의 점포가 기존 점포의 경쟁에서 우위를 확보할 수 있는 가능성과 향후 신규 입점 점포로 창업할 사업장에 미칠 영향력의 정도(경쟁을 회피하기 위해 창업자는 경쟁 우위를 점할 수 있는 규모의 입지의 점포를 선택해야 하며, 경쟁점이 이용하는 것을 사전에 차단할 수 있도록 하고, 경쟁 입지가 중간 저지적으로 되지 않는 입지를 선택해야 한다.)
8. 경제성으로 점포의 가격 및 비용 등의 이익 실현, 수익성 정도

위 8원칙을 가지고 정성적 상권 분석을 실시하며, 보통 상, 중, 하 3분류를 통하여 정리한다. 이러한 구분은 상권과 입지를 비교하기 위해 만들어졌다고 해석할 수 있으며 의사를 결정하는 데 도움이 되는 부분이다.

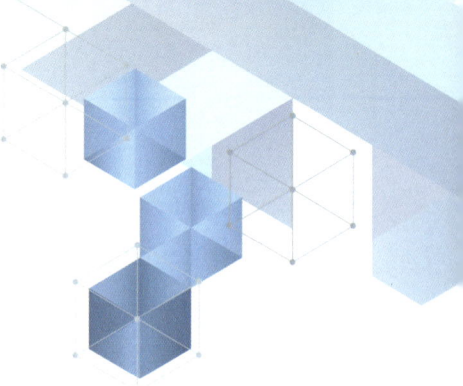

10 Risk Management
상권 분석의 목적

　상권 분석을 왜 하는가? 여기에는 사람에 따라 각기 다른 목적이 있다. 창업자의 상권 분석 목적은 업종 및 업태 선정, 투자금액과 손익(임차보증금, 임차료의 적정성 판단의 기준), 투자액, 매출액, 비용 추정에 의한 투자 수익률(ROI) 산출, 인구 통계적 마케팅 전략의 기초자료, 인력 채용의 편의성 등 창업에 필요한 부분들이 중심이 된다. 반면, 기존 사업자의 상권 분석 목적은 영업 부진과 손익 개선을 위한 방안을 찾아 수익성을 높이기 위한 전략을 수립하여 효과적이며 효율적인 마케팅 매체 선택과 실행을 위해서이다. 또한 사업 확장을 위한 성장 전략 탐색과 직원과 고객을 포함한 이해 관계자의 만족도를 향상시키는 목적도 있다.

　상권 분석의 목적에 대하여 다시 정리해 본다면 환경 분석, 투자 수익률, 업종 선택, 컨설팅, 마케팅 전략, 채용 편의성, MD구성 등 소상인들의 창업 및 사업 활성화 측면이 있는가 하면, 지역 상권 및 경제 활성화 방안 수립, 부동산 감정 평가를 통한 가치 산정, 상가 분양, DEA(Data Envelopment Analysis), LSM(Local Store Marketing), 층별 효용비율 분석을 통한 수익률 극대화, 대형 상업시설 MD 구성 기획, 글로벌 시장 공략을 위한 전략기획(해외 진출)을 바라고 상권을 분석하는 공공과 부동산 개발 투자자 차원의 상권 분석의 목적도 있다.

또한 프랜차이즈 기업의 상권 분석 목적은 기존 사업자 분석, LSM(Local Store Marketing), 가맹계약 및 정보공개서 사전 준비, DEA(Data Envelopment Analysis), 상권 범위와 점포 진출 가능 상권 확장, 가맹본부와 가맹점 간의 분쟁 해결 차원에서 실시하기도 한다.

우리가 상권을 분석하는 것은 창업시장에 진입하는 어려움을 극복하기 위한 전략의 시작이라고 할 수 있다.

스타벅스, 맥도날드, 이디야, ○○치킨 같은 기업은 어떻게 성장했을까? 외식 프랜차이즈는 해외에 진출하기 위해 얼마동안 준비했을까? 그리고 우리나라 브랜드는 외국에 진출하기 위해 얼마동안 준비했을까?

준비하는 기간과 과정이 성공과 실패를 좌우한다고 볼 수 있다. 성공한 기업은 출점하기 위한 시점을 맞추고 준비하면서 그 과정에 고민이 많았다고 할 수 있다. 모 햄버거 같은 경우 무려 5년이란 기간을 준비했으며 출점과 동시에 식재료 공급, 현지에 맞는 입맛을 개발하는 등 고민하고 준비했던 부분들을 실행에 옮기었다.

외국으로 진출하는 기업은 과학적인 예측과 차별화를 설명할 수 있는 자원이 꼭 있어야 한다. 이런 것이 존재하지 못하면 경쟁력을 가질 수 없다. 더불어 혁신적으로 설계해야 한다는 것으로도 설명할 수 있다. 완벽한 시장 분석 능력은 예측능력의 차별화와 혁신이 함께 존재해야 한다.

상권 분석이란 창업자 또는 기존 사업자가 마케팅 범위를 설정하고 나, 소비자, 경쟁자를 정량적, 정성적 방법을 활용하여 측정함으로써 스스로 목표 투자수익률을 달성할 수 있도록 전략과 전술을 세우는 일이다. 상권 분석에 있어 가장 중요한 것은 철저하고 꼼꼼한 조사가 이루어져야 하고, 환경과 상황에 대한 적절한 분류가 이루어져야 비로소 성공적인 상권 분석을 할 수 있다.

이를 바탕으로 1단계 상권 분석, 2단계 입지 분석, 3단계 사업 타당성 분석 및 전략 수립이 가능해진다.

누가, 왜 하는지 알아야 하고 분석할 영역을 선택하여 영역 내에 존재하고 있는 경쟁자, 소비자, 나를 정확하게 조사하고 분류하여 분석함으로써(경쟁자는 현재의 경쟁자와 미래에 진입할 경쟁자, 그리고 대체재를 통한 경쟁자까지 분석) 투자 대비 목표 투자수익률을 계산하여 전략과 전술을 수립해야 한다.

창업자의 상권 분석의 단계를 살펴보면, 업종 선택(전략적으로)

- 상권 분석(상권 선택) - 입지 분석(점포 선택) - 사업 타당성 분석(투자 수익률) - 상권 전략(마케팅 전략, 성공 및 폐업 전략) 단계를 거치고, 기존 사업자의 상권 분석은 목적을 먼저 조사하고 전제조건을 확인한 다음 상권 분석 과정의 프로세스(절차)를 실시한다.

💬 상권 분석 프로세스를 10단계로 정리해 보면,

1) 후보 상권 선정

관심이 있는 상권을 최소 5개 이상(많을수록 좋다) 조사하고 기록한다.
대형 프랜차이즈 기업들도 최소 5개 상권에서 1개를 선택하는데 소상인들은 더욱 많은 곳을 살피고 조사해야 하는 것이 당연하다.

2) 상권 범위 설정

상세권과 상가권 분석으로 구분하여 업종의 특징에 따라 반경을 설정하여 분석할 수 있다.
상세권을 분석하는 이유는 가망고객을 분석하여 거리의 반경에 고객이 있을 경우에만 상세권으로 정하여 가망고객을 찾는 것이다. 상세권은 사람이 중심이라면 상가권은 점포 중심이다.
상권의 범위를 설정할 때 핵심적으로 봐야 하는 것이 있다. 그중에서도 상권을 단절시키는 요인(예 : 쓰레기처리장, 하천, 6차선 이상의 도로 등)을 정확히 확인하고 상권 형성 요인들을 볼 수 있어야 한다.

3) 일반적으로 현황을 조사한다.

일반 현황표를 만들어 상권을 비교할 수 있는 자료로 정리해야만 상권을 한 눈에 비교할 수 있다. 상세히 기록하여 인과관계를 찾아내는 것이다. 법률, 조례, 상권 유형, 업종 구성비, 교통, 기관, 브랜드 지수, 업종 추세, 집객시설 현황 및 특성 등 분류의 힘을 통하여 필요한 정보를 도출할 줄 알아야 한다.

4) 자사(업종) 분석

창업이 목적이라면 자신이 관심 있는 업종의 분석을 넣으면 되고, 잘 되고 있는 점포를 응용해도 된다. 기존 사업자들은 카드사의 가맹점 자료로 제공하는 자사의 자료를 분석할 수 있는 정보를 확인할 수 있다.

상권 범위, 매출 현황, 고객 특성, 동종 업종 매출 현황의 정량적 자료와 정성적 사업 타당성 분석 등이다.

5) 소비자 분석(상권 내 업종의 소비자 분석)

상권 분석시스템 서비스에서 분석할 수 없는 것이 있다. 상권 내에 존재하는 앵커 점포와 가격 분산이다. 앵커 점포의 개념은 대박집하고는 다른 개념으로 설명할 수 있는데, 앵커 점포는 함께 성장할 수 있는 곳이고, 대박 점포는 그 점포만 잘 되는 것으로 해석하면 된다. 그래서 앵커 점포를 꼭 확인하고 특성과 특징도 알아야 한다. 수요가 많은 곳으로 진입하고 진출하는 부분을 잘 고려해야 한다. 또한, 가격 분산이란 것이 있다. 이것은 인터넷의 소셜 분석을 통해서 이용할 수 있으며 앱을 활용하여 메뉴 가격을 조사, 분석해서 기록하면 가격 분산을 추출할 수 있다.

소비자 특성, 소비자 접근성, 시장 규모, 소득 수준, 가격 분산 등이다.

6) 경쟁자 분석

관심 있는 업종과 품목을 관심상권 내에서 찾아 조사, 분석해야 한다. 조사항목이 중복돼 있는 것도 있지만 모두 다 기록해서 정리하는 것이 중요하다. 나중에 마케팅 전략의 시장진입 전략 차원에서 중요하기 때문이다.

7) 변화 예측

PEST 분석 측면에서 접근해 보는 것이며, 향후 지역 개발계획, 기관, 대형 유통점 등 다양한 환경변화 측면에서 예측하는 것이 중요하다. 대체수요가 될 수도 있고 수요가 하락할 수도 있다. 도시계획확인원, 상권의 수명주기 예측, 광역 상권, 지구 상권, 지역 상권으로 구분한다.

8) 상권 도면

관심 상권의 경쟁점과 상권의 변화를 한눈으로 볼 수 있도록 리스트업하는 것으로 경쟁점과 집객시설, 대박집, 앵커점포 등을 표시한다.

9) 비교 평가

결과적으로 관심 상권에 대하여 기록한 자료를 비교, 분석하고 평가하는 일이다.

10) 종합 결정

최종적으로 종합 의견을 다시 구체적으로 기록한다.

상권 분석 프로세스 10단계

- 후보 상권 설정
- 상권 범위 설정
- 일반적으로 현황을 조사한다
- 자사(업종)분석
- 소비자 분석(상권 내 업종의 소비자 분석)
- 경쟁자 분석
- 변화 예측
- 상권 도면
- 비교 평가
- 종합 결정

11 Risk Management
상권 분석방법

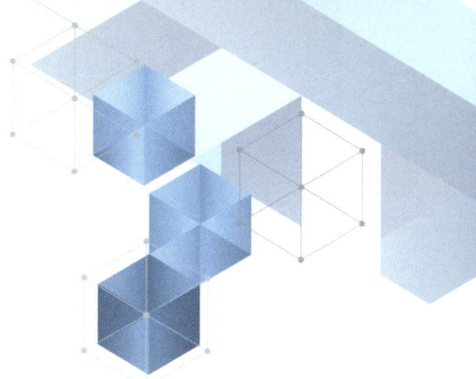

　상권 분석은 어떻게 하는 것일까? 1. 누가 2. 어떤 범위를 3. 누구를 대상으로 분석을 할 것인가?(정량, 정성, 소셜 분석) 4. 그렇다면 무엇을 달성할 것인가를 규정해야 하며 가장 중요한 투자 수익률을 계산하는 것이다.

　그것의 결과물을 바탕으로 전략과 전술을 수립해야 하는 것이 상권 분석이다. 상권 분석은 조사(수집, 평가, 측정) → 분류(목적, 기준에 따라 나눔) → 분석(설명) 단계로 진행한다.

　상권 분석을 위해서는 data를 수집하고, 이용(소비자) 빈도 분석을 통해 차이 분석, 인과 분석을 하는 것이며, 창업자 또는 사업자가 적정한 마케팅 범위를 정하고 각 변수(나, 경쟁자, 소비자)를 정량적 방법과 정성적 방법으로 측정함으로써 투자에 따른 기대 수익률을 달성할 수 있도록 전략과 전술을 제시하는 일이다. 상권 분석은 조사, 분류, 분석에 따라 일관되게 지켜야 하는 기본적인 원칙이 중요하다. 원칙은 어떤 행동이나 이론에 있어서 일관성 있게 지켜야 하는 기본적인 규칙, 기준, 법칙이라고 할 수 있다. 따라서 상권 분석을 할 때는 이런 원칙이 매우 중요하다.

앞에서 말했던 것처럼 상권은 오프라인 상권, 온라인 상권이 있으며 오프라인 상권은 다시 시간적 상권, 공간적 상권으로 구분함으로써 크게 4개로 나누어 볼 수 있다.
또한 상권 분석이란 개념도 지금까지는 현장에서 실제로 조사, 분석하는 것으로 눈으로 확인되는 것이었다면, 현재의 개념은 데스크 리서치, 소셜 분석 등이 상권을 분석하는 키(key)로 80~90%를 차지하고 현장조사 분석은 자료와 데이터를 점검하고 보완하는 수준으로 변화가 일어났다.
또한 과거 외부적인 환경요건을 중시하던 것, 즉 오프라인 상권(부동산 측면으로)의 위치, 환경, 공간적 범위 등 외부적 환경요인에서 내부적인 역량 향상과 서비스를 통한 고객 만족을 중심으로 변화했다는 것을 알 수 있다.

따라서 지금의 상권과 상권 분석은 마케팅적 접근이 필수적이며, 내부 역량과 핵심가치의 중요성이 가장 큰 이슈인 것이다. 이는 인터넷, 모바일 세상이라는 문화가 큰 역할을 했다. 오프라인에서 온라인으로 사람들의 생활 패턴이 이동하면서 사람들은 정보와 방대한 자료들로 학습되고, 생활하며, 공유하는 세상에서 머물고 있다.

따라서 고객의 눈높이는 소상공인들에게도 많은 변화를 일으키고 있다고 할 수 있다. 인터넷과 모바일 세상을 이해하고 온라인 상권의 중요성을 깨달은 젊은 감각의 소상인들은 오프라인과 온라인을 두루 섭렵하여 발 빠르게 적응해서 성공의 기반을 다지고 있다. 반면 구시대적 생각을 버리지 못한 소상인들은 오프라인만 추구하다가 변화의 트렌드를 읽지 못하고 결국 고객의 요구를 충족시키지 못해 성공할 확률이 매우 낮아질 것이라는 것을 예상할 수 있다. 따라서 오프라인 상권과 온라인 상권을 두루 섭렵하고 이해하는 것이 중요하다고 할 수 있다.

다시 한 번 정리하여 본다면 공간적 범위는 상가권과 상세권으로 나뉘며, 상세권은 점포를 이용하는 소비자의 거주지, 근무지, 쉬운 이용이 가능한 범위로 향후 고객이 될 소비자(가망고객)까지 분석이 가능하다. 점포 상세권은 점포별 영역을 말하며, 지역 상세권은 상점가 및 밀집된 점포의 상권, 총체적 상세권은 여러 개의 상점가, 집단 점포군의 상권을 말한다. 상세권을 조사하는 이유는 사업 준비단계에서 목표 고객과 소비자를 탐색하고 그들의 특성을 파악하기 위한 것이다. 즉 점포 선정에 앞서 고객과 주변 소비자(가망고객)까지를 파악하는 것이라 할 수 있다. 따라서 상세권이란 점포를 이용하는 소비자들의 거주지 또는 근무 범위라고 할 수 있으며 여기서 일반적으로 말하는 상권은 상세권이다.

상가권은 여러 점포가 모여 형성되는 상업지역으로 주변 소비자(가망고객)까지는 분석이 불가능하며 순수 이용 고객 중심이다. 상가권을 조사하는 것은 점포의 영업 방법을 조사하고 점포를 이용하는 실제 고객을 조사하는 것이라 할 수 있다. 예를 들어 카드사 정보, 현장 조사, 키워드 분석, 검색어, 카페 글, 이미지 등으로 하는 경우가 있다. 상가권은 상가(점포)가 밀집된 곳을 말한다.

시간적 범위는 상권 및 취급 상품의 특성에 따라 영업시간을 조정, 인력 채용과 활용, 점포 경영 변화로 설명할 수 있다. 고객(소비자)이 어느 상권에, 어떤 시간에 가장 많이 이용하고 유동하는지 알 수 있어야 하며, 주력 매출 상품을 파악한다면 그에 따른 점포 운영 및 원재료 구매, 인력 운영 등 다양한 곳에서 리스크를 줄이고 수익성을 높일 수 있기 때문이다.

상권 분석 방법으로는 업종(업태) 중심의 접근법으로 내가 관심 있는 품목과 업종을 정한 후 상권과 입지를 찾는 방법을 말하며, 상권(입지) 중심의 접근법으로 상권과 입지를 정한 후에 관심 상권 내에서 적합한 업종(업태)과 품목을 찾는 방법으로 나눌 수 있다는 것이다.

이것은 어느 것이 정답이라는 것은 없으며, 각자의 성향과 목표에 따라 다르다고 할 수 있다. 대체적으로 기술과 특정 자격을 가지고 있는 사람의 경우는 업종 선택보다는 상권 진입에 관심이 많다. 하지만 일반적으로 보면 상권과 입지를 보고 어떤 품목과 업종이 적절한가를 고민하는 경우가 많다. 이러한 두 가지의 경우도 보편의 발상이라 할 수 있는 것이며 역발상이라는 것도 있다.

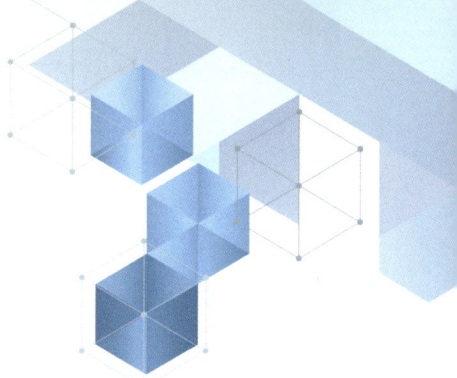

12
Risk Management
입지와 입지 분석

입지는 점포다. 입지는 점포가 위치하고 있는 지리적인 조건을 말한다. 입지란 사업자가 판매하려는 상품, 서비스 등이 고객과 만나는 위치적 조건이다. 즉 점포의 위치적 조건으로 어찌 보면 상권보다 더 중요하게 고려하고 생각해야 하는 것이 입지라 할 수 있다.

입지를 분류하는 기준에는 여러 가지가 있는데 이용 목적에 따라 적응형, 목적형, 생활형으로 나누고, 범위에 따라 1급지, 2급지. 3급지로, 고객 구매습관에 따라 편의품, 선매품, 전문품으로, 주차 편의성에 따라 주차 가능, 불가능으로 나눈다. 권리금 및 기타 비용에 따라 있다(대, 중, 소), 없다로 나뉘고 고객 이동성에 따라 입구, 유동, 출구 등으로 기준한다.

적응형 입지는 거리의 유동 소비자에 의해 영업이 좌우되는 입지, 목적형 입지는 특정한 목적을 가지고 고객이 이용하는 입지, 생활형 입지는 아파트, 주택지, 거주민들이 이용하는 입지로 구분할 수 있다.

입지 조사와 분석은 사업 타당성과 수익성에 큰 영향을 미친다. 따라서 사업 진출의 유무를 결정하는 데 큰 영향을 준다.

이런 입지의 구성 요소는 무엇일까? 투자 금액, 점포 특성, 주변환경이며, 점포 특성은 시설 조건과 입지 특성, 권리 분석이 포함된다. 입지 분석이란 마케팅 활동을 통해 수익성을 극대화시킬 수 있도록 점포의 위치적 조건을 조사, 분석하는 과정으로, 입지 분석을 하는 이유는 투자금액을 정확히 설정해서 보이지 않는 리스크를 줄인다는 것이다. 투자금액이 올라간다면 그것은 입지 분석을 정확히 하지 못했다는 것이다.

입지 분석은 외적요인과 내적요인으로 나눌 수 있다. 점포 입지를 선택하고 확정하기까지 필요한 요인들을 분석할 때 2가지 요인을 분류하여 꼼꼼히 체크해 봐야 할 것이다.

우리가 상권 분석과 입지 분석을 하는 것은 상권과 입지가 좋고 나쁨이나 유동인구와 이동을 알기 위한 것이 아니다. 얼마를 투자해서 얼마동안 얼마만큼 벌 수 있는지 수치로 분석하는 것이다. 우리는 이런 것을 분석하기 위해 통계자료를 활용하여 결과를 도출해야 한다.

창업자들이 상권과 입지를 조사, 분석하는 목적은 무엇일까? 맥도날드는 왜 압구정에 1호점을 오픈했을까? 스타벅스는 왜 이대 앞에 1호점을 오픈했을까? 이런 질문에 대해 잘 생각해 보면 이유를 알 수 있다.

입지 선택에 앞서 기본적으로 생각해야 하는 부분은 경영자의 출퇴근 거리, 시간과 인력 채용의 용이성, 원재료 공급의 편의성 등을 고려해야 한다는 것을 알 수 있다.

필수적인 입지 조사, 분석 프로세스 9단계를 살펴보면,

1 매물조사(온라인과 오프라인으로 조사)

오프라인 정보수집 방법은 부동산 중개업소, 상가분양 사무소, 각종 매체, 창업 컨설턴트 또는 기업 등을 이용하는 방법이며, 온라인 정보 사례로는 포털 사이트 부동산, 금융사의 부동산 정보, 부동산 앱, 인터넷 부동산 중개 사이트 등을 활용할 수 있다. 이를 활용해 관심 상권 내 매물 리스트 작성, 후보 입지 선정, 인근 점포와의 연관성을 살펴본다. 매물 리스트를 작성한 다음 비교, 분석이 필요하며 그런 다음 점포를 선택하고 얻기 위한 계획을 1차적으로 수립한다.

2 투자금과 비용에 대한 결정

내 사업을 명확하게 조명하고 계획하려면 조건표를 만들어야

한다.

목표 임대차 조건을 정리하고, 점포 임차에 소요되는 비용을 조사(권리금, 보증금, 임차료, 관리비, 중개 수수료 등)한다. 또한 점포 개요, 임대차 조건 조사표를 작성한다.

3 후보 입지 3개 내외로 확정

비교 분석은 3개 정도 입지를 조견표로 만들어 종합 평가를 해야 한다. 비교 분석하는 이유가 무엇인가에 대한 기준이 있어야 차이점을 파악할 수 있다.

4 외적요인의 점포 특성 조사

점포의 면적 및 형태를 확인해야 한다.
다시 말하면 전용 면적(임대 평수)과 분양 면적(실 평수)을 확인해야 한다.
건물 내 점포 위치, 업종 구성(보완적, 경쟁적 관계 파악)과 간판의 위치를 확인한다.

1) 점포 현황 비교표 작성 (구분)

상호, 급지, 건물 층수, 점포 층, 임대 면적, 전용 면적, 건물 내 위치, 점포 구조 및 형태, 건물 내 및 주변 업종 구성 등이다.

2) 점포 면적 및 형태
- 전용 면적 : 실제 사용할 수 있는 전용 면적을 확인
- 분양 면적 : 전용면적과 공용 면적을 합한 면적

3) 건물 내 점포 위치, 업종 구성, 간판의 위치 확인
- 건물에서의 후보 점포 위치
- 직전 업종의 운영 현황
- 건물 전체 업종 구성 : 점포 구조와 건물 업종 구성의 적정성 검토

5 내적 요인의 관심 점포 시설조건 조사

시설 현황 비교표 작성은 기본적으로 작성해야 한다.
(전기용량, 도시가스, 화장실, 상수도, 하수도, 공조시설, 간판 등)

6 입지 특성을 조사, 분석한다

 가시성, 접근성, 홍보성, 인지성, 주차 편의성, 업종 변경이 가능한 점포의 특징으로 호환성 등의 관심 점포 수준을 판단하는 표로 활용할 수 있다.(점수를 5점 척도로 활용할 수 있음)

1) 점포의 가시성
 ① 소비자의 눈에 얼마나 잘 보이는가?
 ② 입지조건의 최우선은 가시성이 좋은 곳
   • 점포의 전면이 길거나 튀어나온 건물 1층은 가시성이 좋음
   • 점포 간판이나 전면을 가로수가 가리는 경우에는 가시성이 떨어짐
 ③ 가시성이 떨어지면 홍보, 광고에 시간과 비용이 많이 소요되므로 입지 선정에 있어서 매우 중요함
 ④ 점포 가시성이 낮을 경우 이를 극복하기 위한 방법으로 간판 및 외부의 파사드를 강조

2) 점포의 접근성
 ① 소비자의 점포 방문 가능성을 나타내는 거리의 척도
 ② 점포 진입의 수월성(고객 접근의 편리성)
 ③ 고객이 쉽게 찾고, 차량을 통해서 방문하는 고객의 편리성 의미
   • 접근이 용이하도록 주차장 안내, 인도에 차량 진입구가 설치되어

있어야 함
- 대중교통 이용 고객을 위해 지하철역 또는 정류장과 가깝고 쉽게 찾을 수 있어야 함

④ 건물의 계단이나 장애물 등 고객의 접근에 방해되는 것이 없는지 점검해야 함

⑤ 대형빌딩의 경우 주차장에서 점포를 찾기 힘들거나 오는 길이 불편하면 고객에게 좋지 않은 인식을 줌

3) 점포의 홍보성

① 소비자가 점포를 고객들에게 알리는 데 있어서의 용이성 척도

② 점포의 홍보에 영향을 미치는 요인으로는 간판의 크기, 위치, 점포의 위치, 유동인구의 통행량, 집객력 등이 있음

③ 간판은 점포의 홍보에 가장 중요하므로 크기, 위치 등을 세밀하게 살펴보아야 함

④ 간판은 점포의 위치를 노출시킬 수 있고 점포의 업종에 대하여 잠재고객에게 알리는 역할을 함

⑤ 점포의 전면은 길고 간판의 위치가 좋고 돌출간판까지 설치할 수 있는 점포가 좋은 점포임

4) 점포의 인지성

① 고객의 점포 인지 및 기억의 용이성의 척도

② 점포 위치에 대한 알림과 설명의 용이성

③ 주변의 대표적인 건물이나 시설, 유명 매장이 있는 경우 인지성이 높아짐

5) 점포의 호환성
① 점포에 입점 가능한 업종 유형의 다양성 척도
② 다양한 업종이 가능한 입지가 사업위험 관리가 용이함
③ 업종 선택의 폭이 넓은 입지가 업종 변경이 용이함
④ 실패로 인한 폐업시 매수자 발굴이 용이함

6) 주차 편의성
① 동일 건물 내 주차공간의 확보 가능성
② 발레 파킹 서비스 및 외부 주차 가능성
③ 주차 서비스가 불가능한 경우의 대응전략

7 주변환경 조사

다섯 가지 입지의 기능적 특성을 설명할 수 있다.

1) 집객시설
① 주변 지역의 용도에 관한 조사와 주변 집객시설에 관한 조사, 분석 필요

② 주변 노점상이 있는 곳은 유동인구가 많은 지역으로 판단됨
③ 주변(지역)이 기술 위주의 업종이 많은 곳이나 저가상품 위주인 곳은 지역이나 상권의 소비 수준이 매우 낮다는 것을 의미함
④ 주변 점포의 간판이나 시설이 노후되어 있는 곳도 피하는 것이 좋음
⑤ 빈 점포가 많은 지역도 피해야 할 고려대상임
⑥ 집객시설에 따른 판단 : 긍정적인 집객시설과 부정적인 집객시설의 판단

2) 단절요인에 따른 판단

자연 지형물, 공터, 인공 지형물(주차장…), 장애물 시설, C급지 업종, 기타 장애업종, 점포 자체의 장애요인

3) 유동인구 - 동선과 유동인구의 조사

① 상권 내 유동인구의 유발지점 파악
② 유동인구 조사지점을 3차로 구분하여 조사 (주중, 주말, 휴일 등 최소 3회 이상 조사)
③ 점포 전면이나 후면이 어떤 동선(유동) 상에 있는지 확인
④ 유동인구의 수보다 인구 특성(연령, 성, 구매력 등)과 이동 방향 및 목적 등이 더 중요함
⑤ 조사기간은 영업시간대를 고려하여 설정(평균 시간대를 설정)

4) 경쟁점포 조사(개요)

① 손자병법의 지피지기면 백전불패, 백전백승이다.
② 상권 분석의 최종 목적인 매출액 추정과 타당성 분석은 경쟁점포를 샘플로 조사를 병행, 경쟁점 조사(점포의 수, 매출액 추정, 촉진전략, 시설현황, 객단가, 종업원 수, 상품력, 서비스 수준, 사업자 경영능력 등), 미스터리 쇼핑 조사.

5) 상권분석도 작성

상권분석 시스템을 이용하여 경쟁 점포를 한눈에 볼 수 있도록 해야 함

8 권리분석과 임대인의 인적 특성

서류에 의한 법적인 용도 및 권리관계 확인 등

1) 공부 서류에 의한 법적인 용도 및 권리관계 확인
- 공부 서류는 토지나 건물의 등기부등본, 건축물 관리대장, 도시계획확인원 등
- 해당 건물의 외식업 가능 여부 대한 판단이 필요함
- 식품위생법, 다중 이용 업소의 안전관리에 관한 특별법, 하수 처리에 관한 법률에 의한 관심업종의 창업이 어려운 곳

이라면 후보 점포에서 제외
- 법적인 부분은 비용 발생뿐만 아니라 창업이 불가능한 경우가 발생되기 때문에 주의가 필요함.

2) 임대인의 인적 특성
- 서류상의 건물주와 동일 인물인지 확인하며, 건물주에 대한 정보 수집
- 건물주 및 가족들의 주위 평판, 성향, 상황 등을 알아두는 것도 중요

※ 상기 내용은 상권분석론(김영갑, 2012), 외식사업창업론(김영갑, 채규진, 김선희 2015)에서 다수 인용함

9 최종 - 입지 확정

앞에서 말한 것처럼 사업자 관련 부분을 고려하고 조사, 분석된 자료를 바탕으로 최적의 점포를 선택하는 것이라 할 수 있다.

성공하는 상권은 존재하지 않는다.

왜냐하면 상황에 따라 여러 가지 변수가 너무 많이 존재하기 때문이다. 또한 성공은 나의 상품이 어떤 강점과 약점이 있는지에 대한 부분을 스스로 분류하고 분석해야만 가능하기 때문이다.

점포를 선택하는 기준은 무엇일까? 각자의 의견을 자세히 작성해 보자.

좋게 보이거나 나빠 보이는 것을 명료하게 볼 수 있을까? 당연히 볼 수 있다.

좋아 보이는 것은 그만큼의 가치를 가지고 있고 그만큼의 대가를 지불한다. 그리고 이런 부분들이 지금까지 모든 사람들이 입지를 선택하는 방법이었다.

하지만 많은 금전을 지불하고도 어려움을 겪는 상황은 입지에 대한 분석이 전혀 이루어지지 않았기 때문이라고 설명할 수 있다. 그렇기 때문에 우리는 선택한 입지를 조사하고 분석한 데이터를 기반으로 해서 실패 요인을 줄이고 살아남기 위한 전략을 수립해야 한다는 것이다. 그렇다면 '살아남기 위한 전략'이란 무엇일까? 조사하고 분석한 데이터란 무엇일까? 같은 입지에 같은 업종들이 모이는 이유는 무엇 때문일까? 자연 발생적인 것일까? 아니면 소비의 역학에 의해 만들어진 것일까? 하지만 어느 것도 자연 발생적으로 존재하지 않는다.

이 모든 것은 원리에 의해서 형성된다. 결국 모든 것은 소비자의 행동패턴에 의해 형성된다는 것이다. 잘 되는 점포는 최적의 가치를 가지고 있고 또한 그럴만한 이유가 있다는 것이다. 바로 이것이 입지를 설명하는 원칙이라고 할 수 있다.

1. 입지를 결정하는 원칙은?
2. 결정된 점포에서 최적의 가치를 제공하는 방법은?

입지 조사 분석은 점포의 특징을 조사, 분석하는 것이다. 건물주의 특성까지도 판단해야 한다. 모 대학가 상권을 조사 분석해 보니 입지별로 고객의 특성이 다르다는 것을 확인할 수 있었다.

어떤 지역은 초저녁에 더 잘 되며, 어떤 지역은 심야에, 또 어떤 지역은 점심 등 20대와 50대가 존재하는 곳이 많이 다르다는 것을 확인할 수 있다. 내가 창업하려고 하는 업종과 업태가 상권의 원리와 맞아야 한다. 한 예로 대학가 상권은 20대 고객을 상대로 하는 점포들이 많이 있다. 하지만 학생들을 상대로 하는 점포보다 오히려 학생이 아닌 고객을 타깃으로 하는 업종이 더 성장하는 경우도 있다는 것이다. 이것은 어떤 대상을 겨냥해서 경영을 하고 있느냐에 따라 다르게 설명할 수 있다는 것을 기억해야 한다. 따라서 과학적인 분석과 해석이 매우 중요하다는 것을 알 수 있다.

- 어떻게 해야 수익성을 높일 수 있을까?
- 높은 수익 달성을 위해 다양한 조사와 분석을 하지만 현황 파악으로만 그치는 것은 아닐까?
- 현황을 파악하고 이해한다고 해서 실제로 수익성을 높일 수 있을까?

우리가 직시해야 하는 것은 바로 이거다!

1. 어디에 집중해서 어떻게 이익을 극대화시킬 수 있는지를 찾아야 한다.
2. 현실적으로 가능한 것인지를 판단해야 한다.
3. 과연 이익이 발생할 수 있는지 파악하고 '이익에 가장 큰 영향을 주는 변수는 무엇일까?' 라는 질문을 스스로에게 자꾸 물어봐야 한다.

    우리는 관습과 습관에 따라서 행동하는 경우들이 매우 많다는 것을 인지해야 한다. 입지 분석을 위한 기본 지식 중 국내 상권의 업종 구성비는 상권에 따라 다르다는 것을 꼭 기억하고 상권 내 업종 구성이 어떻게 구성되어 있는지 확인해야 한다. 매우 중요한 원인변수가 될 수 있다는 것이다.

또한 앞서 말한 앵커 점포에 대해서도 이해해야 하는데, 앵커 점포는 핵심적인 역할을 수행하는 점포를 말한다. 입지 조사의 가장 기본은 상권 내에 가장 센 놈이 누구인지 정확하게 판단하는 것으로서 조사 분석의 기초가 될 수 있다. 나와 어떠한 관계성이 있는지 입지 조사를 통해서 도출해내야 한다(예를 들면, 신당동 ○○○떡볶이, 대전 ○○당, 군산 ○○당, 속초 ○○닭강정 등). 이것과 보완관계가 형성될 수 있는 것인지 살펴봐야 한다. 앵커 점포 때문에 내가 먹고 살 수 있는지를 알아야 한다.

그렇다면 내가 선택한 업종이 앵커 점포와 어떠한 관계성이 있는지 알아야 한다. 상권 분석의 핵심은 입지를 분석하는 것이다.

그러나 어디에도 입지를 분석하는 기준은 존재하지 않는다. 입지 분석은 3개 이상 입지를 비교 평가해야 가장 최고의 가치를 제공할 수 있다.

따라서 한 장소만을 고집하기보다는 적어도 세 곳 이상의 후보 입지를 선정하고 이것과 관련하여 매물 리스트를 만들어 보기 바란다. 또한 상권과 입지를 조사할 경우 관련된 현황 조견표를 준비하여 구체적으로 기록해야 한다. 이것은 수준을 파악하기 위한 기초자료라고 할 수 있다. 투자금과 비용 조사에 관련된 것은 많이 조사할수록 나에게 더 이익이 된다.

입지를 위치적 조건이라고 이야기한다면 그만큼 선택한 입지에 따라 성공 가능성을 찾아가는 것이다. 어떤 입지와 상권이든 성공 가능성이 있도록 만드는 것이라고 말할 수 있다. 어떤 음식점을 만들어야 하는가? 최소의 비용으로 최대의 이익을 만들어 내는 업종은 무엇일까? 내가 선택한 입지 또는 업종(업태)이 무엇을 말하고 무엇을 보여주는지 정확히 파악해야 한다. 내가 할 수 있는 것인지 파악해야 한다(경쟁력). 내가 해도 가능한 것인지에 대한 파악도 매우 중요하다(지속성 또는 영속성). 목표 실현을 위하여 투자하는 비용보다 이익이 더 많아야 한다(효율성).

이런 여러 가지 외적인 이유들이 중요한 것은 그만큼 위험성을 줄일 수 있기 때문이다. 또한 효율적인 데이터 분석으로 위험성을 줄이자는 것이다.

사업의 성패는 사람에게 있다는 것을 잊어서는 안 된다. 소비자를 탓하기보다는, 경영자와 제품을 만드는 사람이 문제가 많을 가능성이 높다 해도 결국 가장 큰 문제는 나에게 있다고 할 수 있다.

입지와 입지분석 프로세스 9단계

- **1단계** 매물조사(온라인과 오프라인으로 조사)
- **2단계** 투자금과 비용에 대한 결정
- **3단계** 후보 입지 3개 내외로 확정
- **4단계** 외적요인의 점포 특성 조사
- **5단계** 내적 요인의 관심 점포 시설조건 조사
- **6단계** 입지 특성을 조사, 분석한다
- **7단계** 주변환경 조사
- **8단계** 권리분석과 임대인의 인적 특성
- **9단계** 최종 - 입지확정

조사와 분석

　상권은 점포의 영업력이 미치는 범위, 점포의 끌어들이는 힘, 매출액에 기여하는 소비자들이 분포하고 있는 지역 및 온라인 공간 등으로 말할 수 있다. 이제 상권이란 고객이 정하는 것이고, 'Marketing area' 관점으로 유동적인 범위의 개념으로 봐야 하며 내가 키울 수도 있으며 좁힐 수도 있다. 이런 상권에 대한 조사, 분류, 분석의 핵심은 보편 타당적이고 신뢰성과 일관성이 있어야 하며, 신뢰성의 핵심은 반복적으로 같은 결과를 만들어 내야 한다.

　일반적으로 상권을 조사, 분류, 분석할 경우 최소 3개~5개 정도의 상권을 선택하여 자료를 정리하여야 다양한 변수를 설명할 수 있고 영향을 미치는 것을 도출할 수 있다. 전제 조건들은 체크리스트를 작성하여 정리하는 것도 필요하다.

　따라서 상권을 조사, 분석하는 데도 전략이 필요하다. 자료 수집(시점, 원천, 유형), 자료 분류(환경, 소비자, 경쟁자), 자료 분석(통계, 정성분석데이터, 비교데이터). 보고서(체계화, 시사점, 추이)를 통한 전략을 수립해야 한다.

이제는 정보기술 활용이 절대적으로 성공과 실패를 좌우할 수 있다. 전략적 관점과 데이터 베이스의 자산을 기반으로 수익을 창출하고 생산성을 향상시킬 수 있도록 해야 한다.

상권 분석은 창업자만 일회성으로 하는 것이 아니고 기존 사업자도 정기적이고 반복적으로 해야 하는 필수 활동이다. 또한 상권 정보시스템과 같은 통계적 방법만을 사용한다거나 전문가 진단에만 의존하는 것도 피해야 한다. 현황 조사(체크리스트, 인터뷰, 관찰 등), 설문조사, 통계적 방법 등 다양한 방법을 스스로가 세운 분석 목적에 맞게 적절하게 사용해야 한다.

상권/입지 조사 기본 항목을 정리해 보면

위치, 상권 유형, 업종 분포(관심 업종수, 유사업종 수), 가구 수, 인구 분석/변화, 거주인구 현황(성별, 연령별), 직장인구 현황(성별, 연령별), 유동인구 현황, 가구 수(아파트, 기타), 아파트 현황(세대수, 가격), 소득 분위, 주요시설 수(직장, 관공서, 교육기관, 금융기관, 정류장…), 집객시설 수, 관심업종 증감 추이, 매출 추이, 창·폐업률, 평균 권리금, 평균 임대료, 기타 참고사항 등을 조사해야 한다. 이를 체크리스트화하여 3~5개 상권을 작성하여 비교 분석하여 결정을 할 수 있어야 한다.

※ 현장조사 시 알아두면 쓸데 있는 전문가들의 과거 경험과 가르침을 소개한다.)

좋은 입지(상권)란?

- 대형 건물이 밀집된 지역
- 대규모 아파트 단지(5천 세대 이상), 신규 아파트(입주율 50% 이상)
- 지하철역 300m 이내, 버스 정류장 100m 이내, 버스정류장 5개 노선 이상 정차 지역
- 고등학교, 대학교 정문 50m, 후문 30m 이내
- 버스 종점 500m 이내, 동일 도로 200m 내에 동일업종이 없는 지역
- 반경 500m내에 경쟁업종 3개 이내 점포
- 가시성, 접근성이 좋은 지역
- 1일 3,000명 이상 유동인구 보유지역
- 양방향 통행문이 있는 점포
- 백화점, 관공서, 대형건물 등 주변지역에 집객 시설이 많은 지역
- 퇴근 길목
- 도로변 굽은도로(out curve)에 있는 입지
- 주말, 휴일에 고객이 찾는 점포

나쁜 입지(상권)란?

- 주변 간판 등이 낡은 상태로 방치되어 있는 곳, 주변의 거리조명이 어둡고 인적이 한가한 곳
- 지역에 동 업종의 대형점포가 들어설 계획이 있는 곳
- 동일 업종 점포가 입점했다 철수한 곳, 빈 점포가 많아 보이는 곳, 주변 점포 업종이 자신의 업종과 어울리지 않는 곳
- 일방통행 도로인 곳
- 출근 길목
- 주위 도로가 지저분하고 쓰레기 등이 지저분하게 널려 있는 곳
- 대중교통이 불편한 곳, 주차 공간이 부족한 곳
- 개발이 예정된 곳
- 경사도가 15도 이상인 곳

좋은 입지, 나쁜 입지를 구분하는 이런 방법 외 기타 확인, 고려 사항으로는

- 차량의 통행량
- 고객의 걸음걸이 속도
- 후보점이 오목형 또는 볼록형
- 보도 폭 3m 미만
- 시대에 뒤떨어진 배타적 업종이 주 업종을 이루는 곳 (맥주, 양주)
- 점포 이름이 투박한 곳(○○다방, ○○클럽, ○○이발소…)
- 계절에 어울리지 않는 POP, 현수막 광고가 붙어 있는 곳
- 건물주 평판,
- 건물주 유사 업종 종사
- 흥해서 나간 점포인지 망해서 나간 점포인지?
- 업종, 경영자가 자주 바뀌는 곳

등을 현장조사에 관심을 갖고 체크가 필요하다고 많이들 이야기한다.

입지 선택시 고려 사항으로

- 압류, 가압류 등 법적 하자: 등기부 등본 확인
- 선순위 근저당 설정 유무 확인
- 건축물 적법 확인 및 개축계획 확인
- 건축물 용도 및 진입 제한 사항 확인
- 심야 주변 조명상태 확인
- 대형 건물의 구내식당 운영 여부 확인
- 전력, 도시가스 용량, 환기시설 확인
- 간판 가시성
- 접근성(출입문 위치, 계단 수 등)
- 점포 전면의 길이, 점포의 입구 및 여유공간 유무, 천장 높이
- 주차장 유무 및 외부 주차장 이용 편의성
- 주변 점포와 임대료 및 권리금 적정성

💬 상권 및 입지 분석에 필요한 내용을 정리해 보면,

상권 범위는 지형지물, 거리 개념을 사용하여 판단하고 상권 분석시 배후세대 분석은 전체 배후 아파트 단지에 대한 분석을 하며 개별 분석을 하지 않는데 도시지역 상권에서는 반드시 필요한 부분이다(세대수, 동수, 층수, 면적, 입주시기, 구간 거래가격의 일부 정보). 일정 작은 권역 내 주택 호수 조사로 사용하며, 경쟁 상권과의 거리, 교통, 주변환경 조사로 상권의 좋고 나쁨을 판단한다. 도로명 지도는 그 기능을 통해서 상권의 흐름을 파악할 수 있고, 노선버스를 통해서 고객 유입지역 및 방향을 파악하는 데 활용할 수 있다.(숫자, 노선 등) 차량 지·정체 속도와 시간대 등 교통 흐름을 통해서 입점 점포의 적정성을 판단한다. 업종(아이템) 분포 현황과 상권 지도를 작성하고, 경쟁점(경합점) 위치, 규모, 브랜드명, 입지, 경쟁점까지의 거리 측정으로 입지의 우열을 판단하며, 동일 건물 내 및 연결 업종 조사를 통한 입지의 경쟁력을 파악한다.

건물 및 점포 규모, 전면 넓이 측정 가능, 건물 점포의 외관 모양, 카페, 제과점, 아이스크림 가게 등은 업종별 경쟁점 수와 경쟁력을 파악할 수 있고 트렌디한 업종의 입점 여부를 판단하는 추세 분석에 도움이 된다.

병원, 종합병원, 각 과목별 병원, 치과, 한의원, 약국 등은 각 종

(과)목별 입점 숫자에 따라 지역 상권을 판단하는 중요 자료로 활용 가능하고, 공영, 공용, 환승 주차장은 도심지에서 가족형 외식업, 대형 음식점의 주요 판단 자료로 활용된다. 마트, 슈퍼 등은 동네 상권의 생활동선을 파악하는 데 도움되고 편의업, 세탁소, PC방, 노래방, 찜질방, 독서실 ,열쇠/구두수선, 꽃집화원 등은 특별한 상관관계는 없고 업종간의 경쟁도 파악 정도이다. 스포츠 시설은 1차적으로 각 부문별 경쟁도 파악에 이용하지만, 성인 피트니스센터나 골프 연습장은 상권의 소득수준 파악에 이용되고, 음식점은 경쟁업소 위치, 규모 파악이 가능하고 각 업종군 분석을 통해서 상권 내 음식점군, 즉 먹자골목 상가권을 파악할 수 있다.

숙박업소는 야간 업종을 하려는 창업자들에게는 숙박업소의 분포가 중요 자료가 되며, 금융기관 분포의 숫자와 위치 및 은행의 종류에 따라서 상권의 등급을 판단하는 자료로 활용된다. 주유소는 상권 형성 지역에서 상권의 단절요소를 파악하는 데 중요하고, 편의점은 상권 내의 유동인구 활성화지역, 이동 동선을 파악하는 데 중요하다. 영화, 공연장은 거점 상권에 위치하므로 상권 범위가 넓은 업종의 입점시 유효한 상권 범위와 타깃층의 고객 분석에 활용성이 있으며, 입점 시 인지성을 높이기 위한 경우 인근의 관공서 위치는 중요하다. 각 공공기관별로 유입성이 높은 기관도 있지만 오히려 저해하는 요소도 있기 때문에 파악에 신중을 기할 필요성이 있다.

조사, 분석 참고 요소

현황분석

고객분석

 조사, 분석 참고 요소

업종분석

예정 업종/품목
- 평균 매출
- 건당 매출액
- 이용 건수
- 매출 집중시간
- 고객 분포 (성, 연령)

수익성
- 안정성
- 지속성
- 매출 비중

매출/수익성 분석

예상 매출
- 월별
- 요일별 추이
- 일별
- 시간대별

매출액 추정
- 테이블 수
- 테이블 평균인원
- 객단가(점심, 저녁)
- 회전 수(점심, 저녁)

14 Risk Management

Desk Research
(빅데이터 분석시스템 활용)

　지금의 상권은 과거와 달리 좋은 상권과 나쁜 상권, 좋은 입지와 나쁜 입지가 따로 존재하지 않는다. 내가 제공하는 상품과 서비스에 대해 최고의 만족을 가질 수 있는 소비자, 구매자가 어디에 있는지를 찾아보는 것이 상권과 입지의 선택이며 그 소비자와 구매자가 찾도록 만들어 대박 점포를 만들면 그것이 바로 최고의 입지선택이다.

　상권분석시스템이란 최근 들어 빅데이터란 프로그램을 활용, 마이닝 기법으로 구축된 정보시스템으로 정확한 솔루션을 제공하는 시스템은 없다. 단지 각자가 다양한 툴과 요구조건에 맞는 시스템들을 조합하고 활용하여 최상의 적합한 해답을 찾아야 한다.

　상권(입지) 분석방법으로 정성적 방법(주관적 평가법, 체크리스트법, 현황조사법 등)과 정량적 방법(설문조사법, 통계조사법, 수학적 방법 등), 소셜 분석(키워드 분석, 추세·검색어 분석, 내용 분석,

분류 분석 등)이 있다.

이런 상권과 입지를 분석하는 데 있어서 과거에는 현장조사와 면접 등을 통한 방법이 주를 이루었다면 현재는 데스크 리서치, 즉 분석 시스템을 활용하여 자료를 조사, 분류, 분석하고 현장 실사 수준의 방법이 주를 이루고 있다. 즉 현재의 상권 분석은 80~90% 이상이 데스크 리서치로 이루어진다고 말할 수 있다. 현재 활용되는 분석 방법으로는 소셜 분석과 데스크 리서치 분석 시스템을 통해 이루어지고 있다. 이런 리서치 분석 시스템으로 상권분석 시스템을 대부분 활용한다고 할 수 있다.

다시 한번 체크해보면, 상권 분석은 업종(업태) 중심 접근법과 상권(입지) 중심 접근법의 두 가지가 있다. 업종 중심 접근법은 업종을 정한 후 적합한 상권과 입지를 결정하는 방법이고, 상권 중심 접근법은 상권과 입지를 결정한 후 업종(업태)을 결정하는 방법이다.

우리는 의사결정을 해야 하는 상황인데도 불구하고 대부분 그것에 대한 고민을 하지 않는 부분이 많다는 것이 현재 우리의 실정이다. 어떤 자료에 시장의 규모와 업체 수, 고객 특성 등이 기록되어 있다고 하자. 우리는 무엇을 설명할 수 있어야 할까? 바로 타깃 고객이 다르다는 것을 설명할 수 있어야 하고, 누구와 어떤 식으로 관계를 형성하는지 확인할 수 있는 부분을 도출해 낼 수 있어야 한다.

　상권분석시스템을 통해서 누구나 적용 가능한 정보를 얻을 수 있다는 것을 기억해야 한다. 시스템을 활용한 조사와 분류가 잘 이루어지면 좀 더 정확하고 확실한 분석을 할 수 있다. 따라서 제일 먼저 각 상권분석시스템에 기록되어 있는 메뉴로 기록해 보는 것이다.

　그리고 각 분석 시스템이 갖고 있는 장점들을 결합하여 비교, 분류하면서 분석적인 방법으로 결론을 만들어 내는 실습도 중요하다.

중소벤처기업부 제공: 상권정보시스템

http://sg.sbiz.or.kr/main.sb#/main

　　소상공인의 창업 성공률이 매년 떨어지고 있는 상황에서 국가와 민간의 공신력 있는 상권 정보를 활용, 과학적인 상권의 분석과 입지를 찾기 위한 종합적인 시스템이 요구되고 있다. 그러던 중 2006년 소상공인시장진흥공단에서 서비스를 구축, 오픈하였다. 2006년 개통 이후 상권 관련 정보의 정확성 및 다양성의 꾸준한 증대를 통하여 정확도는 90% 이상 높아졌고, 밀집정보(2009년), 로드뷰컨텐츠(2011년), 창업자가진단(2013년), 점포이력(2014년) 등 부가서비스를 추가하면서 매년 데이터의 정확성과 소상공인의 Needs를 분석하는 것이 고도화되고 있다. 단순한 상권의 정보 수치를 보여주는 것을 넘어 예상 매출을 추정하고 투자 대비 사업성 검토를 하기 위한 기반자료로서 예비 창업자뿐 아니라 기존 소상공인들에게도 마케팅 활동과 목표 고객에 대한 적합한 서비스를 제공하기 위한 근거자료로 활용하고 있다.

Solution으로는 상권의 지도, 유형 설명, 가구 수, 인구 수, 주요 시설, 상가업소 수 등의 상권 개요 정보, 업종별 최근 3년간 증감 추이, 창업·폐업 통계정보 제공, 최근 6개월 간 상권 내 선택 업종의 평균 매출, 이용 건수 자료 및 인근 상권과의 매출 비교, 주중, 주말, 요일, 시간대, 성·연령별 이용실태 정보 제공, 상권 내 거주인구, 직장인구, 유동인구 등의 배후지 정보 제공, 상권 내 브랜드 분포를 알려주는 브랜드 지수, 점포 임대시세 등의 정보를 제공한다.

상권정보시스템은 창업 예정지의 점포 현황, 인구 구성, 주거형태, 유동인구, 임대시세, 매출정보 등 상권 분석에 필요한 자료를 37개 기관으로부터 제공받아 49종의 상권 분석 정보를 제공하는 온라인 사이트이다. 지역별, 업종별 상권 분석, 창업과밀지수 및 경고등 표시 서비스, 점포 평가 서비스, 점포 이력 서비스 등을 제공하며 상권정보시스템(http://sg.sbiz.go.kr)에서 회원 가입 후 이용할 수 있다. 상권정보시스템의 데이터는 37개 국가, 공공, 민간기관으로부터 10종의 DB, 27종의 데이터를 수집하여 상권정보시스템에 수록 가능한 형태로 가공한 뒤 제공되며, 갱신주기는 데이터마다 편차가 있지만, 최소 일단위에서 최대 연단위로 갱신된다.

소상공인마당 앱 www.sbiz.or.kr

상권 정보, 지원 알리미(푸시 서비스), 전통시장 등 모두 통합한 앱을 보다 쉽고 편리하게, 소상공인 필수정보를 손 안에서 확인할 수 있다. 위치정보서비스를 이용하여 살고 있는, 또는 알고 싶은 지

역과 업종을 선택하면 지역기반의 빅데이터 분석을 통해 명확하고 정확한 정보를 제공하는 상권정보 서비스로서 소상공인이라면 꼭 알아야 할 정보를 '실시간 알림(Push Notification)' 서비스를 통해 빠르게 제공한다. 전통시장 위치정보서비스, 검색, 새 소식, 맛집 여행 등 최신 모바일기술이 적용된 콘텐츠를 만날 수 있으며, 소통이 가능한 시민 공감형 블로그를 운영하고 있다.

주요 기능으로는 상권정보서비스를 이용하는 지역과 업종 정보를 모바일에서 바로 상권 분석을 할 수 있는 서비스와, 상권 정보를 원하는 지역을 선택하고 분석하기를 실행하면 해당 지역의 지역 통계 결과가 바로 확인 가능한 서비스, 그리고 지역통계를 원하는 지역을 선택하고 업종을 선택하면 해당 지역의 지역통계와 함께 상권 분석 결과가 바로 확인 가능한 서비스 등이 있다. GPS 기능은 인근 위치로 이동할 수 있도록 도와주며, 위성보기 기능은 지도 배경을 위성지도로 변경하며, 주소 이동 기능은 시군구, 읍면동을 선택하여 지도 이동이 가능하도록 지원하고, 지도 이동 기능은 드래그를 통해 사용자가 원하는 지역으로 이동할 수 있도록 지원한다.

무엇보다도 현재 살고 있는 지역이나 또는 알고 싶은 지역을 업종과 함께 선택하면 지역 기반의 빅데이터 분석을 통해 상권 정보를 제공한다는 측면에서 위치정보서비스는 상권 분석을 위한 현장조사에서 활용도가 높을 것으로 판단된다.

서울시 제공: 우리마을가게
http://golmok.seoul.go.kr/sgmc/main.do

　서울시에서 제공하는 상권분석시스템은 갈수록 사용 서비스의 질을 높이려 노력하고 있다. 또한 시스템 품질, 정보품질을 높이기 위한 노력과 함께 서비스 품질 향상에 주력하고 있다.

　중소기업청은 발달 상권을 중심으로 서비스 제공중인 '상권정보시스템'과 중복되지 않으면서 영세 소상공인들이 주로 종사하는 생활밀착형 업종이 밀집된 골목 상권을 분석해 유용한 정보를 집중 제공하기 위한 취지의 서비스를 구축하였다. 신규 창업자에겐

합리적이고 신중한 창업을 도와 초반 실패를 차단하고, 기존 자영업자에게는 영업환경 개선과 매출 증가에 보탬을 주고자, 빅데이터를 활용해 골목 상권 내에 있는 생계형 자영업자들에게 꼭 필요한 고품질 상권 정보를 제공하고, 이를 통해 신규창업이나 업종 전환시 위험도를 낮춰 일자리 창출과 안정화에 기여하고자 했다.

이를 위해 대형 유통시설이 들어서지 않은 큰 대로변 등의 뒷골목과 같은 영세한 골목 상권 총 1,008개를 '서울형 골목상권'으로 규정하고 이 지역 내의 중국집, 편의점 등 43개 생활 밀착업종의 2,000억 개 빅데이터를 분석하여 구축하였고, 공공기관에서 보유한 인허가, 교통카드 등의 행정데이터와 신한카드, BC카드, 한국감정원 등 민간영역에서 제공받은 매출/소비 데이터, 임대시세 등 총 10종 32개 분야의 약 2,000억 개의 빅데이터를 기반으로 서비스를 구축하였다.

신규 창업 또는 기존 자영업소 중 비중이 높은 외식업(10개), 서비스업(22개), 도소매업(11개) 총 43개의 생활밀착형 서비스 업종을 대상으로 상권신호등서비스(예비 창업자 대상), 맞춤형 상권검색서비스(예비 창업자 대상), 내 점포 마케팅서비스(기존 자영업자)의 3가지 대 시민 서비스를 구성하였고, 서울신용보증재단 창업컨설턴트가 활용할 수 있는 전문가용 서비스와 서울시와 자치구의 창업 관련 부서의 정책지원을 활용하고 영향을 모니터링할 수 있는 정책 활용 서비스를 구축했다.

소상공인 및 기업은 창업(출점), 업종 전환, 마케팅 등을 위해 다양한 내·외부 정보를 융합하고 업종의 특성에 따른 상권을 정의하여 분석·평가함으로써 효율적인 의사결정을 지원하는 상권분석서비스를 솔루션, 컨설팅 형태로 제공한다. 또한 업종의 특성에 따라 점포가 위치한 입지적 요인(접근성, 가시성 등)을 정량화하여 분석·평가할 수 있도록 지원, 최적의 비용 대비 효과를 도출할 수 있는 기능을 제공한다. 중국음식점, 편의점, 학원 등 43개의 생활밀착업종의 정보도 제공한다.

폐업 신고율, 폐업까지의 영업기간, 점포 증감률 등 창업 관련 정보를 단계별로 알려주는 '창업위험도'를 기반으로 하고 있다. 이는 기존의 서비스와 달리 서울 골목골목까지 섭렵하는 것을 강점으로 두고 있다. 빅데이터를 기반으로 각 권에서의 업종의 흥망을 신호등(파랑/노랑/주황/빨강)으로 표현하여 재미있게 전달한다. 이뿐만 아니라 데이터의 활용에 따라 앞으로의 마케팅에 적용하는 등 다양하게 이용할 수 있다. 생계형 창업을 하는 이 시대에 상권분석과 업종의 흥망을 미리 알려주어 일반 시민들의 위험도를 낮춰주겠다는 기획에 의해 시행된 서비스이다. 기타 공공기관 시스템을 제외하고도 기업 차원에서 제공하고 있는 상권분석시스템들이 있다.

기업의 목적상 무료로 볼 수 있는 부분이 조금은 부족하고 취약한 상태로 제공되기도 하지만, 각 시스템들의 강점을 확인하고 활용함으로써 도움이 되었으면 한다.

☑ **지오비전 소개** http://www.geovision.co.kr

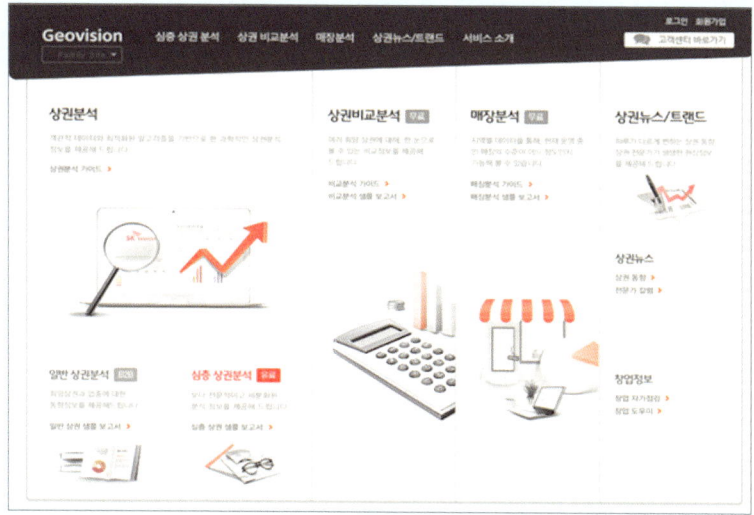

　SKT에서 운영하는 '지오비전'은 가입자의 기지국 정보와 자사 및 그룹의 데이터 그리고 H카드나 K통신사 등의 데이터를 활용하여 상권을 분석, 시각화하는 서비스를 제공한다. 물론 유료 서비스가 대부분이다.

　해당 지역에서 업종을 선택하고 수집된 데이터를 바탕으로 상권을 분석하고 유동인구, 주변의 같은 업종(경쟁), 소비 행동 패턴 등을 분석하여 해당 지역의 상권에 대한 결과를 보여준다. 이 서비스의 핵심은 데이터를 수집하고 추출된 데이터를 바탕으로 알고리즘을 해석하여 해당 업종의 상권을 분석하는 것이다.

　항상 가지고 다니는 핸드폰으로 기지국 기반의 위치 정보를 파악한 행동패턴과 카드사의 지출내역을 통한 소비패턴도 분석이 가능할 듯하다. 이동통신 정보를 기반으로 하고 있기에 위치정보와 개인정보를 가지고 왜 그곳에 갔는지, 무엇을 구매했는지 알 수 있기 때문에 활용가치가 매우 높다. 이동통신사뿐 아니라 기업 차원으로도 이것을 통한 수익 창출이 가능하다고 볼 수 있다.

나이스비즈맵은 신규 창업, 점포 확대 및 마케팅 기획을 목적으로 하는 개인 및 기업이 전자지도, 솔루션, 통계정보 등을 이용한 주변 상권 등을 과학적이고 체계적인 기법으로 분석할 수 있도록 지원하는 솔루션과 서비스를 개발하여 B2C, B2B의 방법으로 제공하는 상권분석서비스 시스템이다. 나이스신용평가사의 정보 및 오픈메이트의 정보를 토대로 공간정보 활용체계를 구축하였으며, 효

율적인 상권 분석 정보의 제공을 위한 상권 분석 DB의 구축, 창업자(신규, 기존)용, SOHO용, 기업용 상권분석 서비스시스템을 구축하였다.

창업 및 마케팅하려는 지역을 블록단위로 세분화하여 블록 내에 분포하는 점포들의 예상 매출, 경쟁점 현황, 고객특성, 유동인구 현황 등을 분석한 보고서를 제공하는 서비스이다. 또한 사업 아이템과 입지 선정으로 고민하고 있는 개인 및 기업을 대상으로 상권별로 경기가 좋아지고 있는 업종과 업종별로 매출이 높은 지역을 추천하여 비교 분석하는 서비스이고, 프랜차이즈 기업을 대상으로 유통망 관리 및 출점 유망지역 선정, 타깃고객 밀집지역 추출, 유동인구 분석 등의 정보를 제공하여 기업의 마케팅 업무를 지원한다.

따라서 **신규 출점 의사결정 합리화** : 신뢰할 수 있는 데이터 기반의 매출예측과 ROI 분석을 통해 출점 의사결정의 합리성 제고와 성공 가능성을 증대시키고,

점포 단위 상권 장악력 증진 : 시스템을 통해 상권 범위와 구매력에 의한 규모를 확인하고, 블록·아파트 동 단위의 소상권 단위까지 지갑 점유율을 측정, 관리하게 되어 상권 장악력의 증대와 수작업 등의 빈도가 업무 제거 및 정확성을 증대하며, 점포의 마케팅 능력 향상, 즉 점포 상권의 소득·소비 규모 및 고객 패턴에 따른 상품 구성 및 오퍼 제안을 통해 마케팅 ROI를 증대시키는 결과를 가져올 수 있다.

biz-gis 소개 http://www.biz-gis.com

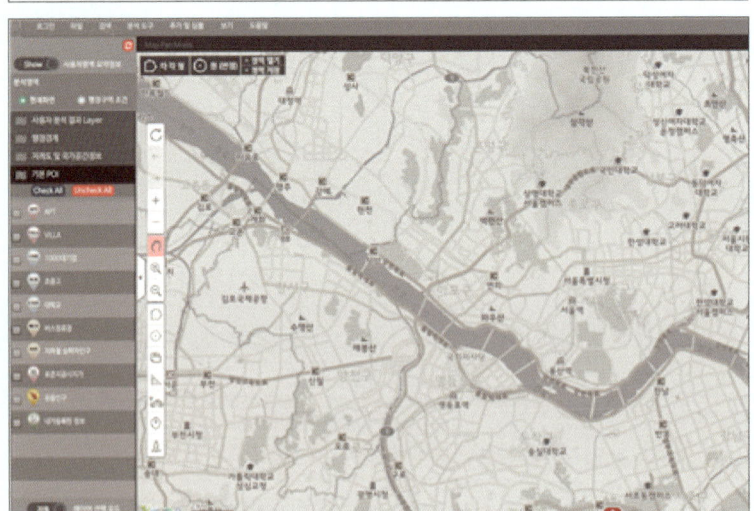

지도에 표시된 각종 아이콘을 사용하여 확인하면 좋을 것 같다.

포털사이트(네이버, 다음 등) 지도

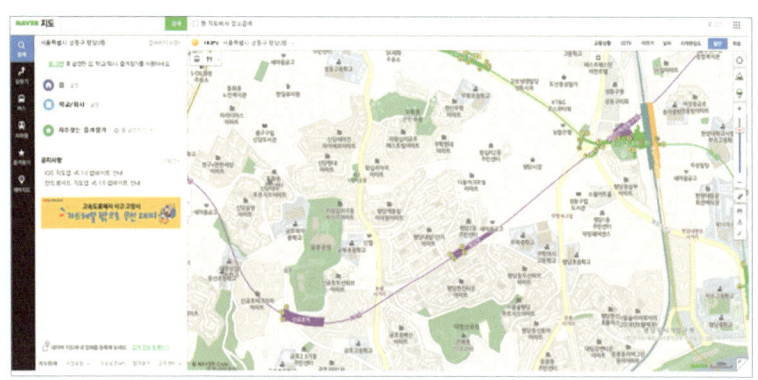

특정지역의 점포 또는 경쟁 점포의 수를 확인할 때 사용한다. 상권 분석을 위해서 현장조사를 하기 전 다양한 상권분석시스템이나 행정 통계자료 검토와 병행하여 포털의 지도 서비스를 활용하면 많은 정보를 확보할 수 있다. 물론 다른 상권정보시스템, 각종 행정 통계자료를 병행하여 활용하고 현장조사를 실시하면 효용성은 더욱 증가할 것이다.

필자도 상권 분석을 할 때 특히 네이버나 다음 등 포털사이트 지도는 항상 함께 사용하고 있는데, 상권 조사를 수행하면서 포털의 지도만으로 얼마나 많은 조사 자료를 확보할 수 있는가를 살펴보면 다음과 같은 것을 알 수 있었다.

첫째, 위성 서비스의 지형, 지물, 거리 개념을 사용하여 상권의 범위를 설정할 수 있고, 아파트 단지별 현황 등 배후세대 분석으로 세대수, 동수, 아파트 층수, 면적, 입주시기, 거래가격의 일부 정보를 구할 수 있다. 또한 일정한 작은 권역의 주택 수 조사에도 사용되고 경쟁 상권과의 거리, 교통 및 주변환경 조사 등을 판단할 수 있다.

둘째, 지도를 통해 도로의 기능에 의한 상권의 흐름을 파악할 수 있고, 노선 숫자와 경유노선을 통해서 고객 유입지역 및 방향을 파악하는 데도 적합하다. 또한 교통흐름으로 차량 지·정체 속도와 시간대를 통한 입점점포의 적정성을 판단할 수 있다.

셋째, 업종(아이템) 분포 현황 및 상권 지도 작성이 가능하여 업종 조사가 용이하고, 경쟁점포의 위치, 규모, 브랜드명, 입지 등을 판단 할 수 있다. 또한 동일건물 내 및 연결 업종 조사를 통한 입지의 경쟁력과 건물 및 점포규모, 전면넓이 측정이 가능하고, 건물점포의 외관 모양을 파악할 수 있다.

넷째, 주요 업종, 시설 분포를 통해 상권과 업종, 품목의 경쟁 및 추이를 파악할 수 있다.
카페, 병원, 의료, 주차장, 마트, 슈퍼, 생활, 편의, 스포츠 시설, 음식점, 숙박업소, 은행, 주유소, 편의점, 영화관, 공연장, 관공서 등을 통해 분석할 수 있다.

기타 은행 및 부동산 정보 사이트

✅ KB부동산 LiiV ON nland.kbstar.com

　부동산 매물 시세확인 사이트로 입지의 정보를 구할 수 있다. KB부동산 시세는 대략적인 부동산 시세 파악과 주택 담보대출에 대한 원활한 지원을 위해 기본적인 근거자료로 많이 활용되며, 대출 신청을 희망하는 고객들의 대출 가능금액 확인 등의 편의를 제공하고자 꾸준한 업데이트를 하고 있다. KB부동산 시세는 매수, 매도 희망가(호가)가 아닌 실제 거래가격의 평균가격(매매사례 포함)을 기반으로 작성하므로 특정물건의 개별적인 매도호가와는 다를 수 있어 KB시세 기준금액을 현재 거래할 수 있는 매매시세로 단정 짓기엔 어느 정도 무리가 있다.

✅ 부동산114

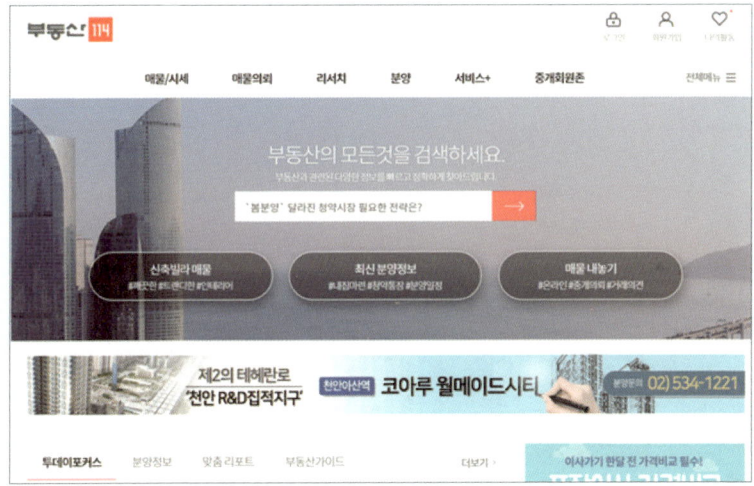

국내외 부동산 투자나 운영, 이용에 필요한 각종 정보를 종합적으로 제공하고 양질의 데이터와 컨텐츠를 기반으로 차별화된 서비스를 선보이고 있다. 가격정보뿐만 아니라 이를 이용한 지수, 매물 및 분양정보, 임대정보, 정책자료, 분석기사, 칼럼, 해외부동산, 기업부동산 정보 등 다양한 정보를 이용할 수 있고, 자산포트폴리오의 관리나 운영, 투자부동산 관련 정보 등 전문적인 정보서비스도 활용할 수 있다.

부동산114 앱은 위치기반 서비스를 활용해 사용자의 현재 위치를 자동으로 파악하고, 주변 아파트 단지와 가격 변동률을 그래프와 평면도로 제공하는 것이 특징이다. 중개수수료를 계산하면 인근 교육정보, 생활 편의시설 등을 확인할 수 있는 추가기능도 있다.

기본메뉴는 위치기반 시세, 위치기반 매물, 위치기반 커뮤니티, 나침반과 중개수수료 계산기가 붙어있는 별 Check, 개인 관심매물 및 설정을 저장하는 My Page로 구성되어 있다. 하단의 '자주 쓰는 모바일 메뉴'에서는 빠른 시세, 빠른 매물, 뉴스&이슈를 볼 수 있다. 위치기반으로 보이는 시세와 매물은 주거용, 상업용으로 분리해서 볼 수 있다. 시세에서는 매매가, 전세가, 보증금 확인이 가능하며, 상한가·하한가를 그래프로 나타내고 있어 한눈에 시세 확인이 가능하기 때문에 편리하다.

이외에도 평면도 보기 서비스도 제공한다. 매물에서는 위치기반으로 월세와 전세로 나온 매물들을 표기해 준다. 관심 있는 매물을 클릭하면 자세한 주소 및 사진을 확인할 수 있다. 이외에도 매물 특징, 중개사무소 전화번호 등 다양한 정보를 보여준다.

✅ 네이버, 다음 등 포털 부동산 정보

포털의 부동산 정보는 내 주변의 부동산 정보를 실시간으로 볼 수 있는 애플리케이션으로 지도를 기반으로 한 내 주위에 있는 단지, 매물, 중개업소 정보를 바로 확인할 수 있다.

포털의 부동산 앱은 단지 정보, 시세, 이미지, 커뮤니티 정보도 함께 볼 수 있다. 관심 매물의 평면도, 사진 확대와 축소, 각 평면도에 대한 평형대도 다른 경로 이동 없이 바로 확인할 수 있다.

☑ 토지 이용 규제 정보시스템

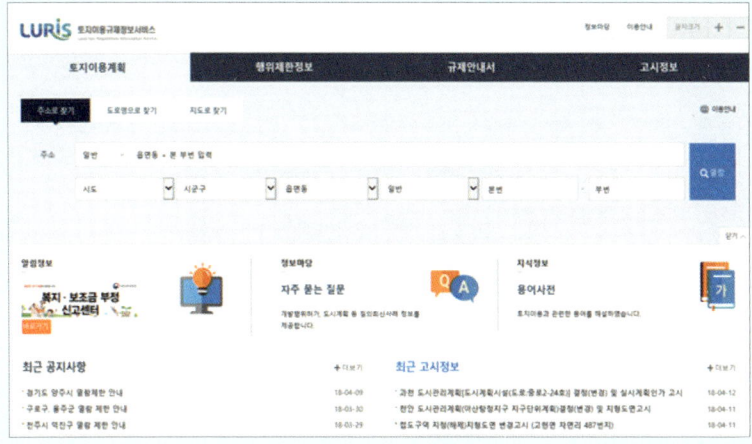

　토지 이용 관련 규제 내용과 절차를 체계적으로 유형화하여 공무원 및 민원인이 손쉽게 활용할 수 있도록 서비스를 제공하는 사이트다. 바로가기 서비스에서는 빠른 조회가 가능하고 토지 지목, 면적, 개별 공시지가, 지역지구 지정여부, 확인도면, 행위제안에 관한 법률까지 토지에 관한 자세한 정보와 확인이 가능하다. 내가 보유한 토지를 개발하게 된다면 개발 가능한 건축물이나 지역지구 내 계약사항, 개발시 개발 가능 건폐율 및 용적률 등 세부적인 내용까지 조회가 가능하다. 앱을 실행시키면 가장 먼저 내 주변에 있는 매물들이 뜨는데 그중에서 관심 있는 매물을 클릭하면, 자세한 정보를 확인할 수 있다. 매물정보로는 상호와 주소, 거래조건 등이 뜬다. 전화번호도 적혀 있어서 직접 전화도 가능하다. 주변의 다른 시세나 중개사별 차·수익을 비교하면서 거래할 수 있다.

✅ 알바몬

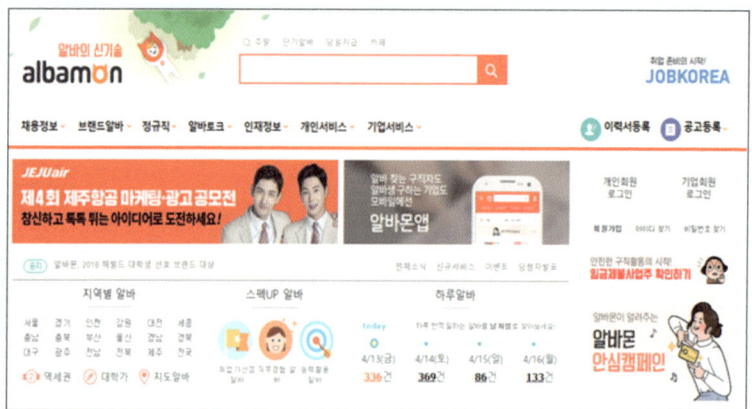

사업 경영의 가장 중요한 부분이 인력 채용, 운영에 대한 것이라는 것을 알고 있을 것이다. 어떤 상권의 아르바이트 급여 수준을 확인하는 데 많이 사용하는 앱이다.

✅ 마이메뉴

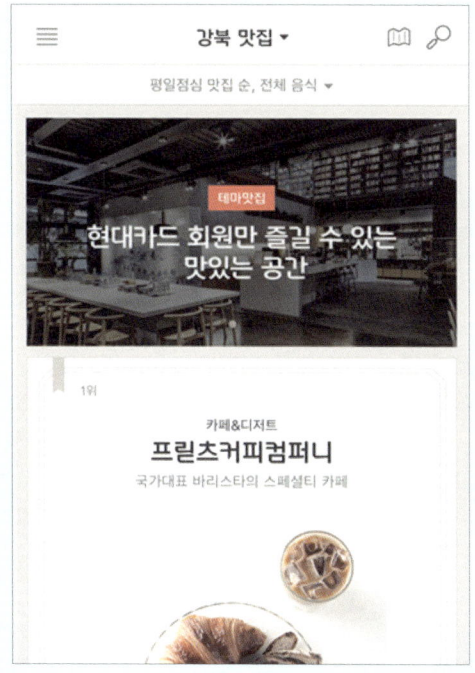

 H카드 고객들만을 대상으로 수집된 정보를 기반으로 작동되며, 모든 카드사가 아닌 특정회사의 데이터에 대표성을 부여하는 것에 대해 성급한 일반화의 오류를 범할 수 있다고 생각할 수도 있으나 자사의 카드사별 결제 비중에 대입해서 보면 그 신뢰도를 확인할 수 있을 것이다.

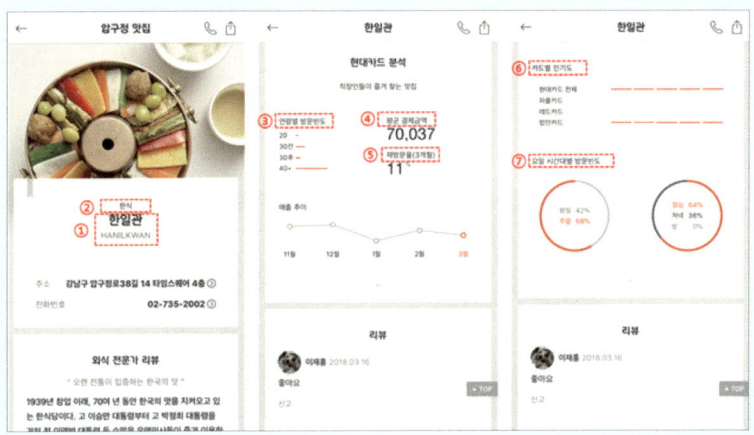

1번: 해당 업체의 상호

2번: 해당 업체의 업종 분류

    참고로 업종 역시 영업허가증에 명시된 것과 카드사 분류는 다를 수 있다

3번: 연령대

    실제 매장 이용고객의 연령과 차이가 있을 수도 있다. 결제자의 정보만으로 산출되기 때문에 보다 정확한 자료를 원한다면 직접 조사해야 하지만 대부분 카드 사용자는 본인인 경우가 많다는 점을 참고하기 바란다.

4번: 평균 결제금액

    즉 객단가 개념으로 이해하면 된다.

    실제 포스상의 데이터와 비교해 보면서 신뢰도를 측정해 보면 좋을 것 같다.

5번: 재방문율(3개월)

    경쟁업소들 대비 자사의 결제 빈도를 보여주는 것인데 단순히 수치가 높으면 단골이 많아진 걸로 오인할 수도 있기 때문에 사실 해석하는 데 있어 주의를 기울여야 하는 부분이다. 이것은 업종, 메뉴, 상권에 따라 방문율이 영향을 받을 수 있음을 잘 보여주는 부분이다.

6번: 카드사별 인기도

7번: 요일 시간대별 방문 빈도

소개한 이외에도 다양한 정보와 분석시스템이 있다. 교통정보, 통계청 관련 정보 등 각자의 필요조건에 맞는 다양한 시스템을 찾아보면 된다.

또한 관련 키워드를 조회하면 바로 확인할 수 있는 것들로는 소상공인 마당, 다이닝 코드, 전국 맛집 등이 있는데 이처럼 조사·분석이 가능한 다양한 방법들도 존재한다.

※ 본 장에서 사용한 이미지는 해당 사이트에서 캡처하였습니다.

 알아두기

상권분석시스템은 어떤 것이 있을까?

- 상권정보시스템
  (http://sg.sbiz.or.kr/main.sb#/main) (중소벤처기업부)
- 우리마을가게 상권분석시스템
  (http://golmok.seoul.go.kr/sgmc/main.do) (서울시 또는 각 지자체 운영시스템)
- 나이스비즈맵 (www.nicebizmap.co.kr)
- 지오비전 (www.geovision.co.kr)
- 비즈지아이에스 (www.biz-gis.com)
- 통계지리정보서비스 (https://sgis.kostat.go.kr/view/index)
- 국가통계포털 (http://kosis.kr/index/index.do)
- 서울열린데이터광장 (http://data.seoul.go.kr/)
- 비씨카드사업자 (http://partners.bccard.com/)
- Big Data Hub (https://www.bigdatahub.co.kr/index.do)
- 오픈메이트 (http://www.openmate.co.kr)
- 비즈니스 유엔 (www.businseeun.com)
- 지노 시스템 (http://www.g-inne.com)
- RTS (http://rts365.co.kr/rts/main.jsp)
- 한국감정원 (http://www.kab.co.kr/kab/home/main/main.jsp)
- 기타 정보시스템
  (카드사 등 금융권 제공 시스템, 포털 및 앱, 교통정보, 통계청, 부동산 관련 정보 등)

15
Risk Management
사업 타당성 분석

사업 타당성 분석이란 투자한 돈만큼 수익을 올리고 돈을 벌 수 있는지를 분석하는 것으로써 결국 사업을 할 것인가 말 것인가를 결정하는 것이라고 할 수 있다. 즉 창업에 앞서 사업의 성공 여부를 평가, 판단하기 위한 총체적 활동이라 할 수 있다. "사업타당성 분석은 누가 하는 것이 가장 중요할까?", "사업타당성 분석은 왜 필요할까?" 라는 물음에 대한 객관적이고 체계적인 분석을 통해 창업의 성공률을 높일 수 있고 창업 요소를 정확히 파악하여 창업기간을 단축시킴으로써 효율적인 창업이 가능하도록 하며 경영지식 및 마케팅 능력 향상을 가져오도록 하는 것이라 할 수 있다.

사업 타당성 분석은 왜 중요할까? 경쟁과 변화에 대비한 철저한 준비로 성공 가능성이 낮은 사업을 피할 수 있고, 예견되는 리스크에 대처하기 위한 사전 정보를 수집하며, 사업의 지속과 포기의 결정을 내릴 수 있기 때문이다. 이것이 바로 사업 타당성 분석을 하는 가장 중요한 목적이기도 하다.

이런 사업 타당성 분석은 창업 품목(업종, 업태)에 대한 탐색과 선택이 전제되어야 하며 이는 나에게 잘 맞는 것인지를 판단하는 기준이 될 수 있다. 또한 기존 시장에서 기존 제품으로 판매할 것인지 아니면 신규 제품으로 접근할 것인지 등을 판단하는 정의 등이 필요하다. 내가 지금 운영하고 있거나 창업을 계획하고 있는 사람이라면 시장을 정확하게 정의해 보는 것이 매우 필요하다. 자료와 정보를 바탕으로 예측하고, 추정하고, 추측하여 분석하는 것이 사업 타당성 분석이다. 여기서 예측이란 미리 헤아려 짐작하고 인과관계를 활용하는 것이며, 추정이란 미루어 생각하여 판정하는 것으로 표본을 활용하며, 추측이란 미래 일에 대한 상상으로 전문가를 활용할 수 있다. 어떤 점포의 매출을 알아보고 싶을 때 추측을 할까? 추정 또는 예측을 할까?

 사업 타당성 분석을 위해 우리는 투자금액과 매출액, 그리고 비용과 이익 등 이런 부분을 기본으로 투자 수익률을 계산해야 한다. 투자 수익률은 경영자와 조직의 목표, 다른 투자자의 수익률, 기타 영향 요인으로 규정하여 설명한다. 투자 의사결정은 수익성과 위험(리스크) 감수성의 의사결정이다.
 내가 달성하고 싶은 순수 이익이 1천만 원이라면 얼마의 매출을 달성해야 할까? 우리는 이런 것을 정확하게 분석하여 준비해야 한다.

사업 타당성 분석에서 정성적 분석 요소로는 창업가 사업 능력, 상품성, 시장성, 수익성, 안정성, 위험 감수성 등의 요소들을 체크리스트를 활용하여 분석하며, 정량적 분석은 매출액 추정, 고정비, 변동비 등 비용 추정, 추정 손익과 손익분기점 분석, 투자액 추정(투자 수익률법, 회수기간법) 등을 재무회계를 활용하여 도출할 수 있다.

어떻게 보면 정량적 분석은 사후적으로 발생하는 결과값이기 때문에 망한 뒤에야 내가 무엇이 잘 되고 못 되었는지를 확인할 수 있다는 단점이 있다. (더 큰 문제는 망하고도 왜 망했는지 모른다는 것이다.)

그렇기 때문에 기존 사업가도 사업 분기별로 분석을 진행하여 지금 현재 사업 타당성 있는 매출을 달성하고 있는지 파악하는 것이 매우 중요하다.

사업 타당성 분석에서 정량적인 부분으로 수치화하기 위해 알아둘 것은,

- 매출은 적게 추정, 예측하는 것이 현실적이다
- 비용은 더 추정, 예측하고 이익은 더욱 낮게 잡도록 하는 것이 기본이다
- 추정 손익 및 손익분기점을 제대로 파악해야 한다

매출액은 상권 분석 때 필히 확인해야 하며, 원가와 비용을 계산하여 투자 관련 금액을 구하는 것은 입지 분석에서 실행한다. 사업 타당성 분석은 미래를 보고 싶어 하는 부분을 충족시켜 주기 위한 분석이라고 할 수 있다. 앞으로 1년 후의 나의 점포는 어떨 것인가?

○○점포는 하루에 얼마나 팔까? 이렇듯 사업 타당성을 분석하기 위한 매출액을 알고 싶을 때는

> 첫째. 메뉴판의 메뉴가격을 확인한다.
> 둘째. 점포의 좌석 수를 확인한다.
> 셋째. 1회 결제 금액을 확인한다.

이에 따라 고객들이 주로 선택하는 상품과 선택 비율을 조사하고, 좌석 수를 파악하고, 좌석 점유율과 좌석 회전율을 조사, 객단가를 구하면 일 매출액을 추정할 수 있다.

매출액을 추정하는 방법으로는 경쟁 점포 매출 비교 추정법, 동행인구 내점율에 의한 추정법, 예상 고객 수에 의한 추정법, 시장점유율법에 의한 매출액 추정이 있다. 추정 매출을 이용한 매출 목표를 수립하고 수익성을 계산하여 투자 의사결정을 해야 한다. 이 모든 것은 상권과 입지를 바탕으로 구성된다. 어떤 점포가 어떤 지역에서 얼마의 매출을 올리고 있는지에 대한 내용을 바탕으로 매

출액을 추정하고, 그렇다면 그 점포의 매출액을 알아서 무엇에 응용할 수 있는지, 매출액을 달성하기 위해 무엇을 했는지, 어떤 방식으로 달성했는지를 정확하게 분석하는 것이 핵심이다.

 음식점의 경우 매출에 영향을 미치는 요소는 메뉴의 맛, 양, 다양성, 가격, 분위기 접근성, 주차 편의성, 서비스와 위생 등 매우 다양하다. 그렇다면 사람들은 그 다양한 요소 중에서 어떤 것을 선택했는지를 분석하는 것이다.
 이런 매출액은 마케팅과 같은 의미를 가지고 있으며, 원가와 비용은 원가관리, 투자 자금을 관리하는 것을 재무관리라고 하는데 이 모든 것은 경영 관리에 있어서 매우 중요하다.
 아직도 과거 개념의 상권 분석을 가진 사람들은 유동인구, 지형지세에 관련된 부분으로 설명하고 있지만, 현재는 변하고 있다는 것을 앞에서도 누차 이야기했다.

 우리는 가게의 매출액에 가장 큰 영향을 미치는 요인이 무엇이라고 생각하는가? 대표적으로 카페는 분위기라고 할 수 있지만 분식집이나 패밀리 레스토랑은 매출에 기여하는 부분이 다 다르다. 그만큼 예상 매출액을 추출한다는 것은 매우 어려울 수 있다.
 매출액을 추정하는 방법으로는 데스크리서치, 분석시스템 등이 있는데 이런 것들을 활용한 평균치를 기반으로 현장조사가 같이 이루어져야 한다.

시장 점유율은 무엇에 의해 결정될까? 해당 업종의 점포 수와 브랜드의 영향에 의해서 결정된다고 설명할 수 있다. 전체 시장의 규모를 확인하고 규모의 몇% 정도를 달성할 수 있는지를 기준으로 재무와 마케팅, 원가관리를 설계하여 매출액을 추정할 수 있다.

상권의 특징을 매출 분포로 확인해 보면 상당히 높은 매출을 올리는 점포와 매우 낮은 매출을 올리는 점포를 볼 수 있다. 이는 현장조사를 통해서 충분히 확인할 수 있으며 또한 현장조사를 해보면 매출을 많이 달성하는 구간의 점포는 몇 가지 특징이 존재한다는 것을 알 수 있다. 규모가 매우 큰 점포이거나 강력한 브랜드 상품일 가능성이 매우 높고, 판매하고 있는 상품의 메뉴 가격에 따른 위치라고 할 수 있으며, 물리적인 환경이 잘 구성되어 있어서 고객몰이의 가능성이 존재하기도 한다. 결국 이런 매출 구간에 대한 것을 구체적으로 이야기하면 나의 투자 자금으로 어느 시장으로 들어갈 것인지, 메뉴 구성과 가격 구성, 물리적인 환경 등을 계획할 수 있다.

정량적 매출액은 대략적으로 도출할 수는 있으나 앞으로의 매출액 예측은 경영자의 능력을 변수화시켜서 넣을 수 있어야 한다. 다시 한 번 사람이 중요하다는 것을 강조하고 싶다. 그런 것을 바탕으로 창업이나 경영에 있어 무엇을 우선시해야 하는지 확인할 수 있는 단초가 될 수 있으며 매출액을 높이는 요인으로도 설명할 수 있다.

목표가 없으면 결과도 없다! 결국 측정할 수 없으면 관리할 수 없다. 측정할 수 있을 때 목표 매출액이 달성된다. 매우 중요한 성공요인이며 실패를 줄이기 위한 요인이기도 하다. 매출 목표를 수립하거나 매출을 증대시키기 위한 방법으로는 객단가를 높이거나 고객 수를 높이는 방법이 있다.

객단가를 올리기 위해서는 전문적인 기술(매장 고급화, 메뉴 다양화, 우수고객 확보, 마케팅 조사 등)이 있어야 하며, 고객 수를 높이는 것(회전율/가동률 증대, 영업시간 연장, 판매방식 다양화, SNS 마케팅 등)은 사람의 노력과 투자 부분에서 나올 수 있다.

우리가 많이 사용하는 사업계획서는 사업 타당성 분석을 통하여 작성해야 한다. 이것은 매우 논리적인 부분으로 제품과 서비스를 스스로 정확하게 규정하고 사업 타당성 분석을 시작해야 한다. 이런 판단이 없으면 성공 가능성은 낮아질 수밖에 없다.

 **알아두기**

사업타당성 분석방법
(외식업 사례)

- 좌석 수 = 테이블 수 × 테이블 좌석 수
- 좌석 점유율 = 테이블에 앉는 평균 인원 비율
  (예: 4인석에 2명 = 50%)
- 일 회전 수 = 영업시간 내 좌석의 인원이 바뀌는 횟수
  (예: 점심 회전 수 1~2회 = 1.5회)
- 객단가 = 테이블에서 지불하는 금액(테이블 단가)을 인원수로 나눈 금액
- 테이블 단가 = (최소가격+최대가격)÷ 2 × 3(경험상 평균인원)
- 일 매출액 = 테이블 단가 × 테이블 수 × 회전 수
  (카드 결제 영수증의 일 영수증 번호로도 추정 가능)
- 매출액 = 좌석 수 × 좌석 점유율 × 회전 수 × 객단가
- 월 매출액 = 좌석 수 × 좌석 점유율 × 회전 수 × 객단가 ×월 영업일 수
  (테이블 수×회전 수×테이블 단가×월 영업일 수)

 기초 조사 Sheet Sample (외식 서비스업 사례)

1. 환경조사

분류	항목	A 점포	B 점포	C 점포
교통 현황	지하철			
	버스 및 기타			
	주차 환경			
주거 환경	주택			
	아파트			
	다세대, 빌라			
시설 및 집객여건	공공기관			
	기업			
	기타 집객시설			
상권/입지	1. 상권 / 입지			
	2. 상권 / 입지			
	3. 상권 / 입지			
인력 채용	정규직			
	파트타이머			
	평균 인건비			
소비자 접근	교통 수단			
	주차 편의성			
	앵커 · 핵점포 유무			

2. 고객 및 경쟁자 조사

분류	항목		A 점포	B 점포	C 점포
주 소비자	주거 인구				
	직장 인구				
	유입 인구				
	주 이용시간대				
고객 구성	성별 비율	남			
		여			
	연령별	20대 이하			
		20~30대			
		30~40대			
		40~50대			
		50~60대			
		60대 이상			
소득/가격	소득 분위				
	가격수용 수준				
	건당 결제액				
상권 내 점포	점포 수				
	점포 변화				
	업력				
	점포 평수 / 임대료				
	평균 매출				
	이용 건수				
	주 업종 / 업태				
	주 품목				
	앵커 점포 / 핵점포				

3. 매출/ 수익성 조사

분 류	항 목	A 점포	B 점포	C 점포
예정 업종 (품목)	평균 매출			
	건당 매출액			
	이용 건수			
	매출 집중시간			
	주 이용 고객 분포(성별. 연령대)			
수익성	안전성			
	지속성			
	매출 비중			
매출액 추정	테이블 수			
	테이블 평균 인원			
	객단가 (점심. 저녁)			
	회전 수 (점심. 저녁)			
예상 매출	월			
	주			
	요일별 추이			
	일			
	시간대 별			

4. 종합 Report

분류/ 항목	현상 및 분석		
	A 점포	B 점포	C 점포
환경			
고객 및 경쟁자			
매출 수익성			
종합			

✅ 요일별, 시간대별 매출 조사 Sheet Sample

업종	요일별(시간대별 테이블 수, 평균인원*객단가=매출액)						
	월	화	수	목	금	토	일
○○○점	총 테이블 00개 , 좌석 수 00개 , 테이블 평균인원 0명, 평균 객단가 0,000원						
09시~11시							
11시~14시							
14시~17시							
17시~20시							
20시~23시							
23시~02시							
일 합계							
의견	일 회전율: 회 시간대 인력 운영: 기타:						

✅ 사업 타당성 체크리스트 (정성적 분석)

주요항목	평가 요소	세부 검토사항	평가 상	평가 중	평가 하	종합
창업자의 경영 능력	창업 적합도	사업분야 경험 및 지식 정도				
		수행 능력(친절, 영업력 등)				
		업종 적성, 경영능력 등의 적합성				
	경영 마인드	경영 및 서비스 마인드				
		성공 의지, 열정				
		고객 유치 및 판매전략 유무				
상품성	상품의 적합성	창업자가 잘 아는 것인가? (메뉴, 조리방법…)				
		대중적이어서 고객 폭이 넓은가?				
		준거가격으로 수익을 낼 수 있는가?				
		재료 조달과 구입의 문제는 없는가?				
		오랫동안 고객들에게 사랑받을 수 있는가?				
	상품의 독점성	자재의 독점성				
		법적 규제로 인한 창업의 제한성				
시장성	시장 규모	예상 고객 수				
		시장규모 평가				
	경쟁성	경쟁업체의 세력 분포도				
		창업 제한성				
	장래성	잠재고객 수(성장 가능성)				
		대기업 침투 가능성				
		소비자의 성향/필요성				

주요항목	평가요소	세부검토사항	평가			종합
			상	중	하	
수익성	투자와 비용	투자비는 적정한가?				
		비용요소가 통제 가능한가?				
	적정 이익	재료비 적정성				
		임대료, 인건비의 적정성				
		적정 매출의 이익 보장				
안정성	위험 수준	불황 적응력				
		기술 발전수준과 경쟁업체 출현시 대응능력				
	자금 투입 적정성	초기 투자액에 대한 자금 조달 범위				
		손익분기점의 수준 및 기간				
		예비비 보유 여력				
	재고 수준	재고관리 용이성				
		수요 계절성				
합계						

※ 32개 1항목 3점, 2점, 1점 기준 96 + 4 = 100

마케팅 이야기

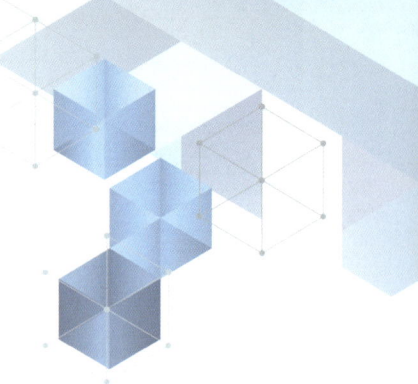

마케팅의 발전과정을 보면,

으로 발전, 진행되고 있다.

결국 마케팅 철학의 변화는 사회 공헌도가 핵심이 되는 것으로 변하고 있고 우리도 지향해야 할 부분이다. 이처럼 마케팅은 변화하며 발전하고 있다. 마케팅의 개념에 대한 마케팅 대가들의 생각을 보면, 피터 드러커는 "고객을 잘 알고 이해하여 제품과 서비스를 그들에게 맞춤으로써 저절로 판매되게 만드는 것이다"라고 했다. 필립 코틀러는 "고객을 위해 가치를 창출하고 강력한 고객관계를 구축함으로써 그 대가로 고객들로부터 상응한 가치를 얻는 과정"이라고 했다.

만족한 고객은 혼자서 나를 찾아오지 않는다. 누군가 함께 동반하게 되고 그 사람은 또 다른 사람을 데리고 온다. 이것이 바로 스스로 제품이 팔릴 수 있도록 하는 것이다. 이처럼 마케팅은 고객의 욕구와 필요, 그리고 조직의 목표를 충족하기 위한 계획, 조사, 실행, 통제, 평가를 지속적이고 순차적으로 행하는 과정이다. 또한 제품의 생산에서부터 소비자에게까지 전달되어 고객만족을 갖기까지 일어나는 모든 일들을 마케팅이라 할 수 있다.

마케팅 법칙에 대해 가장 많이 이야기 하는 것이 파레토 법칙과 롱테일 법칙이다. 파레토 법칙은 점포 내부, 오프라인, MOT 최소화, 진정성 극대화, 관계관리가 중심이고 롱테일 법칙은 점포 외부, 온라인, MOT 극대화, 유희성 극대화, 관계 유도 및 구축이 중심이다.

파레토 법칙은 '80 대 20 법칙' 또는 '2 대 8 법칙'이라고도 한다. 전체 결과의 80%가 전체 원인의 20%에서 일어나는 현상을 가리킨다. 예를 들어 20%의 고객이 백화점 전체 매출의 80%에 해당하는 만큼 쇼핑하는 현상을 설명한다. 마케팅에서 파레토 법칙, 즉 80대 20 법칙은 소수의 20%가 매출의 80%를 차지하기 때문에

20%의 잘 나가는 소수를 대상으로 집중적인 전략을 짜야 한다는 것이다. 이처럼 파레토 법칙은 상품의 20%가 매출의 80%를 차지한다거나 고객의 20%가 매출의 80%를 발생시킨다는 것으로 선택과 집중을 강조한 전략이다.

반면 2004년부터 미국을 중심으로 화제가 된 롱테일 법칙은 한마디로 말해 '역(逆) 파레토 법칙'이라고 할 수 있다. 롱테일 법칙은 개미고객이나 비 핵심 제품의 80%에서 발생하는 매출이 훨씬 큰 비중을 차지하기 때문에 상위 20%를 대상으로 하는 귀족 마케팅 대신 긴 꼬리 마케팅을 주장하는 것이다. 디지털과 인터넷을 이용하는 시대에 상위 20%에 집중하면 시장에서 주도권을 잡을 수 없다는 것이다. 따라서 이제는 80%의 고객과 제품을 사로잡아야 한다고 주장한다.

실제 사례를 보면 롱테일 법칙이 많이 적용되고 있음을 알 수 있다. 아마존이나 음악 판매 서비스인 애플 아이튠즈(itunes), 개인 간 벼룩시장인 이베이(Ebay)는 하나같이 저렴하면서도 다양한 상품을 다루는 시장이다. 이들이 보유한 제품은 과장을 조금 보태 무한대라고 말할 수 있다. 오프라인 매장의 경우 상품 진열비용이 들기 때문에 잘 팔리지 않는 상품은 진열하지 않지만 온라인 매장은 진열비용이 들지 않기 때문에 많이 팔리지 않는 상품이라 하더라도 얼마든지 다양하게 진열해 두고 판매를 기다린다.

파레토 법칙이 무너지고 롱테일 법칙이 적용되는 것이다.

롱테일 법칙은 인터넷 유통구조가 있었기에 가능했다. 오프라인에 비해 진열이나 재고관리에 훨씬 적은 비용이 들기 때문이다. 또한 추천평이나 상품평 덕분에 그동안 관심받지 못하던 제품이 빛을 볼 수 있었다. 이처럼 롱테일 법칙은 인터넷과 디지털이 만들어 낸 마케팅의 큰 패러다임으로 주목받고 있다.

마케팅은 상품을 만들기 전에 고객의 Needs를 알아내는 것이며, 여기에는 기업의 비전, 마케팅 조사 및 전략, 서비스 경영의 환경 분석 및 변화 추이를 파악하여 대응할 수 있는 힘을 기르는 것이다. 기업경영의 가치사슬을 살펴보면 신상품을 개발하여 적극적인 마케팅을 실시하고 수익을 높여 대 고객 서비스를 실천한 다음 고객서비스에서 얻어지는 것을 상품 개발에 접목하는 것이다.

마케팅의 핵심은 인간의 욕구를 파악하기 위한 작업으로 매슬로의 인간 욕구 5단계의 기능을 확인해 보면 우리가 어디에 집중해야 할 것인지 알 수 있다. 이제는 온라인에서 벌어지고 있는 현상들을 파악하고 분석하는 미시적, 거시적인 환경 분석을 매우 구체화해야 하는 것도 잊어서는 안 된다.

💬 마케팅 전략의 7C 전략 (실행 프로세스 내용 - 음식업 중심으로)

첫째, 제품 전략은 메뉴의 다양성을 갖춘 전문성 있는 제품을 이야기하는 것으로 예를 들어 도미노 피자의 메뉴 다양성을 확인해 보면 좋을 것 같다.

둘째, 가격 전략은 수익성 달성을 위한 메뉴의 가격관리로서 매우 효과적인 성과를 만들어 내는 마케팅 도구로 핵폭탄과 같은 역할을 한다. 핵폭탄이란 대박이 나거나 아니면 완전히 망하는 것으로 설명할 수 있기 때문에 가격 전략은 많은 지식을 습득한 후에 도전해야 한다. 점포를 대표하는 메뉴를 가장 많이 포지션시켜야만 가능하다. 따라서 메뉴의 가격 구성이 가장 많이 자리하고 있어야 타기팅이 정확하다. (메뉴 가격 설정에 대한 가격의 정당성을 설명하라)

셋째, 입지(or 유통) 전략

넷째, 촉진 전략으로 마케팅에서 가장 중요하다. 소비자에게 가장 강력한 전략이다.(단기적으로 효과를 볼 수 있다)

다섯째, 서비스 프로세스로 서비스 청사진이라고 하는 것이다. 서비스는 어떻게 해야 할까? 과학적 관리와 철학적 관리로 구분한다. MOT에 따라 정리하고 그 위치에 사람과 정성과 감동을 심는 방법을 연구해야 한다.

여섯째, 물리적 증거의 개념으로 우리의 매장은 어떤 증거를 갖고 있는지 조사해 보자. 메라비언 법칙의 중요성을 다시 새겨보자. 일곱째, 사람이다. 경영자, 종업원 할 것 없이 내부·외부 고객에 대한 부분을 정립할 필요가 있다.

마케팅이란

탁월한 고객 경험을 제공하는 방법으로 고객 이해하기, 고객에게 몰입하기(고객을 계속 연구하게 되고, 어떻게 제공할 때 가장 가치 있게 느낄 수 있을지 인식하고, 조직원은 고객의 욕구를 충족시키기 위한 활동에 집중하며, 한 사람, 한 순간이라도 고객 몰입을 포기하지 않는 것)라고 할 수 있다.

고객 지향적 사고(모든 의사결정은 고객을 중심으로 하기, 고객 가치와 경험을 극대화하는 데 모든 의사결정 집중하기, 모든 성과 목표는 고객 경험을 향상시키는 방향으로 수립하기, 경영자, 직원 모두 고객 경험 수준에 의해 평가를 매뉴얼화하는 과정은 고객 지향적 사고를 스스로 갖추기 위한 작업이다)가 핵심이다.

업종보다 업태(무엇을 판매하느냐보다 어떻게 판매하느냐에 집중하기, 고객에게 개인화된 체험의 기회를 제공하기, 하루 100명의 고객이 방문한다면 100가지의 상품과 서비스 제공하기 등 고객에게 개인화된 체험의 기회를 제공하는 것으로서 서비스 제공 방식에 있다고 볼 수 있다)라고 말할 수 있다.

형식이 실지를 만들어 낸다.
이것은 곧 고객 지향적으로 변한다.
음식을 판매하는 것이 아니고 경험을 판매하는 것이다.

음식점의 사례로 고객 경험 설계 5원칙을 풀어 보면

고객 경험 설계 5원칙

1. 경험의 주제 만들기(주제 = 콘셉트 + 개념)
2. 긍정적 단서로 인상을 좋게 만들기
   (인상이란 다른 집과 다르다고 느끼면서 시간이 지나도 머리에 남는 것)
3. 부정적 단서 사전에 제거하기(위생 같은 부분을 말할 수 있음)
4. 기억을 살리는 계기 만들기
5. 오감을 자극할 수 있는 단서 만들기

마케팅은 순간적으로 선택하는 것이 아니라 업종이나 점포의 수명주기에 따라서 전략적으로 구성해야 한다. 이것은 나의 제품을 누가 구매해 주고 있는지를 고민하는 것에서부터 시작하는 것으로 각 수명주기의 특성과 전략을 보면, 도입기에는 고객 참여 유도, 초기 수용자 확인, 활발한 촉진활동, 긍정 구전자극, 상권의 수요 형성 등과 같이 홍보, 알리기에 주력하며, 성장기는 경쟁우위 전략 개발, 브랜드 선호 유도, 충성도 제고, 반복구매 유도, 고객관계 관리와 같이 고객, 제품, 품질 관리를 중심으로 신뢰 형성이 중요하다. 성숙기는 경쟁우위 전략 개발, 영업비용 감소, 타깃 세분시장 집중, 보조 서비스 추가, 설득형 광고 등이 필요하며, 쇠퇴기는 철수 전략, 수확, 제거, 비용 절감, 재활성화 등이 필요하다는 것을 알아두기 바란다.

　마케팅이란 선택과 집중이다. 욕구 충족은 사람에 따라, 환경에 따라 다르게 인식되고 있다. 마케팅은 순간적으로 달성할 수 없다. 왜냐하면 장기적인 계획이 필요하기 때문이다. 마케팅의 기본인 상품의 라이프사이클을 면밀하게 검토하면 이론과 실제는 같은 것으로 설명할 수 있으며, 실행하고 결과를 만들어 내는 사람만이 경험할 수 있다.

　따라서 받아들여라(주어진 모델을 모방하라, 규칙을 정확하게 이해하라), 적용하라(규칙에 따라 적용하라, 자신에게 맞는 스타일을 개발하라), 발전시켜라(지속적으로 개발하라, 창조적인 모델을 만들어라)라는 말을 전하고 싶다.

마케팅 전략을 요약해 보면,

마케팅 전략

- 기존 제품으로 기존시장 진입은 시장침투 전략
- 기존 제품의 신 시장 진입은 시장개발 전략
- 신제품의 기존시장 진입은 제품개발 전략

신제품의 신 시장 진입은 다각화 전략이다. 제품과 시장에서 성장하기 위해서는 어떤 전략을 수립할 것인지 정확하게 파악해야 한다. 고객이 우리 점포를 찾아오지 않는 것을 확인하고 원인을 찾아내는 것이다. CRM(고객관계관리) 현상을 파악하여 해결해야 하는 것이다.

다음은 서비스 프로세스에 대한 부분이다. 서비스는 친절한 것이라고 생각할 수 있지만 서비스에는 매우 과학적인 논리가 들어있다. 마케팅 믹스의 서비스 프로세스란 우리가 점포를 선택하여 방문하는 것부터 시작하여 계산하고 나가는 순간까지를 이야기하며 결제를 하고 나간 이후에도 고객을 관리하는 것까지 총칭하는 것이라고 할 수 있다. 이것의 기본은 제조기업의 제조과정을 바탕으로 설명할 수 있다. IN PUT 과 OUT PUT의 원리이다.

서비스는 과학적 관리와 철학적 관리로 구분할 수 있다. 과학적 관리는 청사진(서비스 프로세스)으로 설명할 수 있으며 철학적 관리는 서비스 이념을 설명하는 것이다.

과학적 관리의 프로세스인 청사진에 관련된 내용을 설명하자면, 물리적인 환경에 따른 고객행동과 직원행동 간의 접점에 따른 행동요인들을 조사 분석하여 최적의 서비스 방법을 구체적으로 수립하는 것이다. 장점과 단점(서비스 실패-문제점)을 조사 분석하여 장점은 더욱 강하게, 단점은 보완하고 개선할 수 있도록 구체화하는 것이다. 청사진은 내가 가장 잘 할 수 있는 포인트를 찾아서 장점을 강화하는 목적이 핵심이다. 서비스 청사진을 기본으로 고객 경험 지도를 긍정적인 느낌과 부정적인 느낌의 범위를 5점 기준으로 조사한다. 조사한 범위의 평균값을 기준으로 여행지도를 그리고 평가하여 문제되는 부분을 개선하기 위한 것이며, 또한 고객의 입장에서 토론하고 개선하기 위한 방법을 찾는 것이 주된 목적이다.

마케팅은 물리적 증거다. 메라비언 법칙이 핵심으로 물리적인 환경이 매우 중요하다고 할 수 있다. 군인에게 군복을 입히는 이유는 규율과 통제, 희생, 단합 등을 통해 전쟁 승리와 최선을 다해야 한다는 것을 마음 속에 심어주기 위한 것이다.

마케팅의 핵심은 사람(People)이다. 가장 중요한 것은 내부 마케팅(대표가 핵심가치로 삼아야 하는 부분)이다. 직원을 중심으로 마케팅을 수립하는 것이 매우 중요할 수 있다.

💬 마케팅은

경쟁점이 제공하지 못하는 최상의 고객 서비스를 제공해야 한다, 내 고객이 우리 점포에 왜 오는지, 고객에게 몰입(측정할 수 있는 방법)해야 한다. 이는 고객 지향적 사고와 업종과 업태에 따른 탁월한 방법 등을 찾기 위한 것으로써 외식업을 하는 사람은 고민해야 한다.

모든 의사결정은 고객을 중심으로 이루어져야 한다. 고객의 가치와 고객의 경험을 극대화하는 데 모든 의사결정이 집중되어야 한다. 음식점은 무엇을 판매하느냐(업종)가 중요하지 않다, 어떻게 판매하느냐(업태)에 집중해야 한다. 사업의 성공은 업종의 핵심을 알고, 그것을 실현했기 때문이다. 우리도 가능하다. 상권과 입지에 따른 전략을 수립하기 위해 기존시장에서 기존 제품으로 시장 침투전략을 수립할 수 있다. 시장 침투전략이란 상권 내 전체시장을 상대로 판매를 했다면 이제는 목표고객을 선택하고 판매하는 것이다. 판매하고 싶은 제품을 팔기 위한 방법을 고민해야 한다는 것이다. 그것이 맥도날드 전략이라고 볼 수 있다.

💬 마케팅을 고려한 상권과 입지 전략

첫 번째 방법은 보완적 군집화이다. 판교의 H백화점이 식품관을 거대하게 구성하고 회전목마와 서점과 영화관을 설치하는 이유라고 볼 수 있다.

두 번째는 경쟁적 군집화이다. 외국의 백화점이나 국내 백화점들의 MD 전략에 의한 식품관 확장을 이유로 볼 수 있다.

세 번째는 포화 마케팅이라고 볼 수 있다. 요즘 백화점이 층별로 커피 전문점을 오픈하는 것이라고도 설명할 수 있다.

네 번째는 정보기술(내부에도 포함해야 한다는 것-포스 데이터, 고객정보) 활용전략이라고 볼 수 있으며 온라인 상권을 장악하기 위한 기초적인 부분이다. 스타벅스의 사이렌오더(예약 서비스와 제품을 할인하기 위한 부분을 접목시킴)를 예로 설명할 수 있다.

💬 소셜 마케팅

최근 소셜을 제외하고는 사업을 이야기할 수 없다.
기술의 발달이 마케팅에도 큰 변화를 가져온 단적인 예로 볼 수 있다.
SNS의 중요성은 말을 하지 않아도 될 듯 싶다.

과거 전단지를 뿌리며 홍보하던 시대에서 이젠 주 홍보수단은 모바일 속으로 들어와 있다. 블로그 마케팅, 페이스북, 인스타, 유투브 등 다양한 매체들로 들어온 소비자와 고객들을 누가 많은 공감과 호응을 가져오느냐의 싸움인 듯 하다.

뿐만 아니라 모바일에 들어와 있는 스토어, 플레이스, 쇼핑 등 다양한 마케팅 수단들에 의해 사업의 성패를 볼 수 있고 고객의 감정을 읽을 수 있고 감성을 터치할 수 있다는 것이 소셜 마케팅 인텔리전스이다. 소셜을 분석하여 마케팅 전략을 수립하는 시대이다.

17 Risk Management
소셜 분석(Social Analytics)

　소셜 분석의 효용성은 최근 들어 많은 연구논문과 함께 실제 사업을 준비하는 사람들을 통해 확인할 수 있다. SNS는 소셜 미디어이며, 소셜 분석이 인기 있는 이유가 마케팅 인텔리전스(marketing intelligence)이기 때문이라는 것을 기억해야 한다.

　미디어는 '정보를 전달하는 수단'이며 소셜은 스마트폰 등 기기를 이용하여 소통할 수 있는 아이콘(카톡, 다음, 네이버, 유투브, 페이스북, 인스타그램… 등) 같은 것이라고 설명할 수 있다.

　소셜 분석이란 필요한 정보와 시사점들을 수집할 목적으로 사람들이 SNS에서 일방적으로 작성한 글, 이미지 등과 서로 주고받는 대화를 수집, 분류, 분석하는 기술, 서비스 활동이다. 내 점포를 인식하고 소비자에게 만족을 주기 위해서는 소비자의 심리적 동기가 매우 중요하게 작용하는데 이런 심리적 동기를 소셜에서 찾아낼 수 있다. 예전에는 리서치 기업을 통해서만 가능했던 부분이었지만 이제는 누구나 도출해 낼 수 있다.

소셜 분석은 소비자뿐만 아니라 경쟁자도 분석할 수 있으며 더 나아가 스스로에 대한 부분도 과학적으로 찾아낼 수 있다. 이런 소셜 분석을 하는 도구는 매우 다양하며 분류하는 기준도 다양하다. 소셜 미디어에서 사람들의 다양한 이야기, 이미지 등을 수집, 분류, 분석하여 내가 원하는 정보를 찾아내는 것을 소셜 분석이라 말한다.

　소셜이 사람의 소통과 관계망 속에서 일어나는 것을 정성적인 부분이라고 할 수 있지만 정성적인 단어를 바탕으로 정량적으로 나타낼 수 있어야 하며 소셜 분석 또한 빅데이터 분석을 원천으로 하고 있다고 볼 수 있다. 기업은 고객을 관리하는 등의 원하는 데이터를 분석하지만, 소상공인들은 한계가 있기 때문에 소셜 분석을 통해 그것을 대신할 수 있다. 소셜미디어의 영향과 특징은 타깃 고객을 효율적으로 만날 수 있으며 소비자 간 정보교환을 활발히 불러일으킬 수 있다. 또한 제품과 상품에 대하여 전달하고 싶은 것들을 고객 스스로 전파를 해주는 역할을 한다.
　이런 소셜 분석은 마케팅 리서치의 한계를 극복할 수 있도록 해주고 적은 비용으로 실시간 또는 주기적으로 파악할 수 있어서 마케팅 인텔리전스 (marketing intelligence)로써 인기가 있다.

　소셜 분석을 할 때는 주로 주요 SNS 기반 서비스, 위치 기반 서비스, 이미지 기반 서비스를 활용하여 실시하며, 키워드(검색어)

분석, 트렌드 분석, 내용 분석, 분류 분석 등으로 구분할 수 있다.

키워드 분석은 상권을 대표하는 키워드, 상권 특징, 주요 업종, 브랜드, 소비자 인식, 연계 소비 등에 대한 정보를 얻을 수 있다. 키워드 분석은 가장 많이 사용하고 있는 마케팅 도구이며, 이것을 바탕으로 활성화 정도를 도출할 수 있다. 내가 관심 있는 키워드를 어떻게 활성화시킬 수 있는지 조사 분석하는 것을 배워야 한다. 그리고 실행해야만 가능해진다.

포털 사이트에 '한남동 맛집', '연남동 맛집' 등 이렇게 검색하는 것을 키워드 분석이라고 할 수 있다. 또한 '한양대 맛집', '강남 맛집' 등으로도 검색할 수 있으며 키워드 별로 나타나는 용어나 업종은 다르게 나타난다. 검색하는 용어가 다르다는 것은 상권을 설명하는 단초가 되며 남성 또는 여성, 나이가 많거나 적거나에 따라 다른 키워드로 나타난다. 그렇다면 키워드의 활성화를 확인하는 방법이 있다. 어떤 용어를 써야 하는지 확인하는 사이트가 있다. '포털 검색도구' 이다.

네이버를 사례로 보면,

(네이버 검색광고 사이트는 개별 회원가입을 해야 한다.)

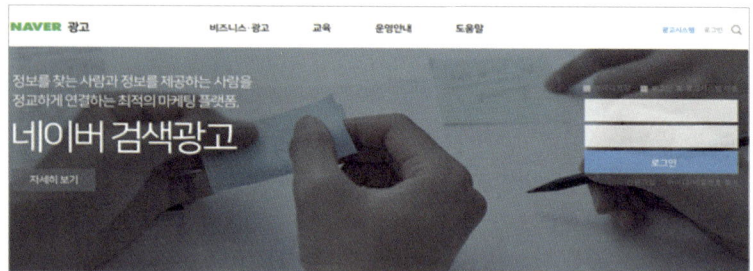

광고주는 신규로 가입하면 된다. 그리고 새로 올라온 광고 시스템을 클릭한다. 제일 위의 <도구>를 클릭하고 하위 목차에서 <키워드 도구>를 클릭한다.

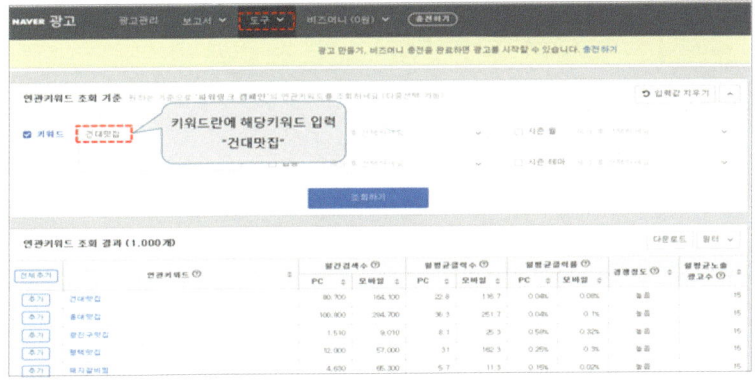

키워드 란에 '해당 키워드'를 입력하면 연관 키워드를 확인할 수 있다. 연관 키워드는 PC로 검색하는 수와 모바일로 구분되는 검색 수로 확인된다.

연관 키워드 '건대 맛집'을 클릭하면 1년간 검색 추이와 남·녀의 비율, 나이 대 비율로 확인된다. 남자와 여자, 나이 대는 한 달 기준의 추이를 보여준다는 것도 꼭 기억하기 바란다. 매월 분석하여 결과값을 도출할 수 있다.

트렌드 분석은 소셜 미디어에서 사람들이 이용하는 특정 키워드 조회 수 등을 추적하여 변화를 측정함으로써 상권 분석에 필요한 수명주기, 수요에 미치는 특정 이슈 등에 대한 정보를 얻는 것이다. 네이버 검색광고를 통하여 1년간의 검색 추이를 확인하고 싶다면 관련 업종의 트렌드가 어떻게 변화하고 있는지, 상품이 하락하고 있는 것인지 아니면 상승하고 있는지 확인된다. 검색 방법은 '네이버 트렌드'로 검색한다.

네이버 트렌드 분석의 검색기간은 10년을 보여주고 있으며 좀 더 세밀하게 월 단위로도 분석이 가능하다.

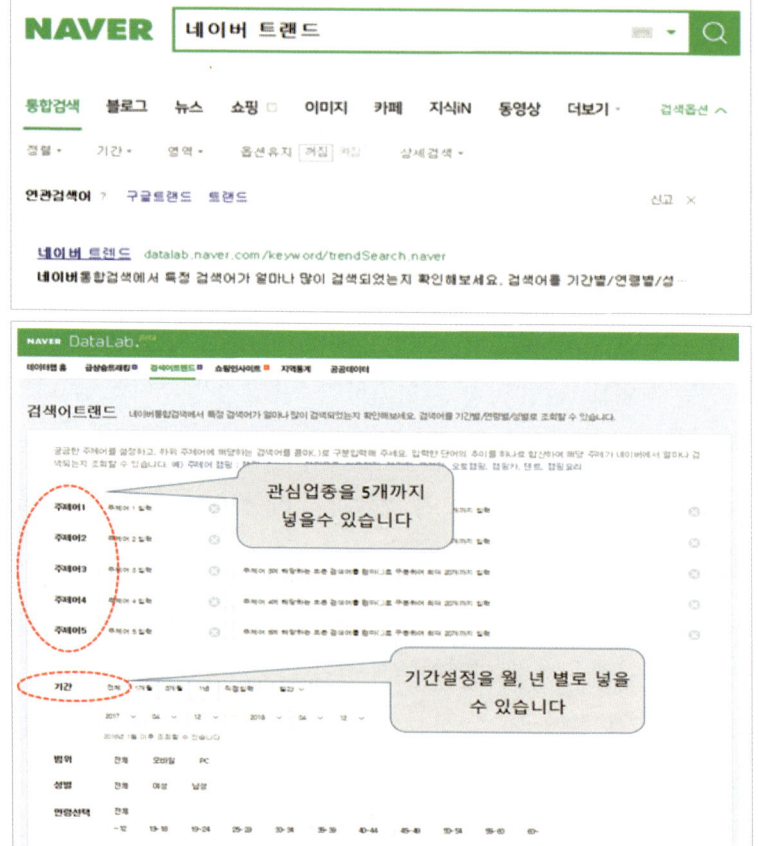

관심업종(주제어)을 입력하고 조회하기를 하면 그래프로 나타난다. 관심업종을 '○○회관'으로 해보겠다. 아래의 그래프는 10년간을 보여준다. 그래프가 시작되는 곳은 창업을 시작한 시점이거나 인터넷 마케팅을 시작한 시기라고 볼 수 있다. 시작한 부분을 근거로 기간을 넣어서 분석할 수 있다. 그래프를 보면 어느 시점은 하락하고 어떤 순간은 급상승하고 있는지를 볼 수 있다. 가게를 운영하는 경영자는 이런 상황을 잘 확인하고 검토해야 한다. 어떤 영향으로 인해 변화되고 있는 것인가에 대한 근거를 찾으면 떨어지는 상황이 발생할 경우 다시 회복할 수 있는 방법을 찾을 수 있다. 그 외에도 지역 통계를 확인할 수 있다. 지역별 관심도와 카드 사용 통계를 확인할 수 있다. 지역통계는 직접 접속하여 관심업종에 따라 지역을 선택하여 변화 추이를 확인해보기 바란다. 또한 나이별, 성별로의 변화 추이도 확인 가능하다.

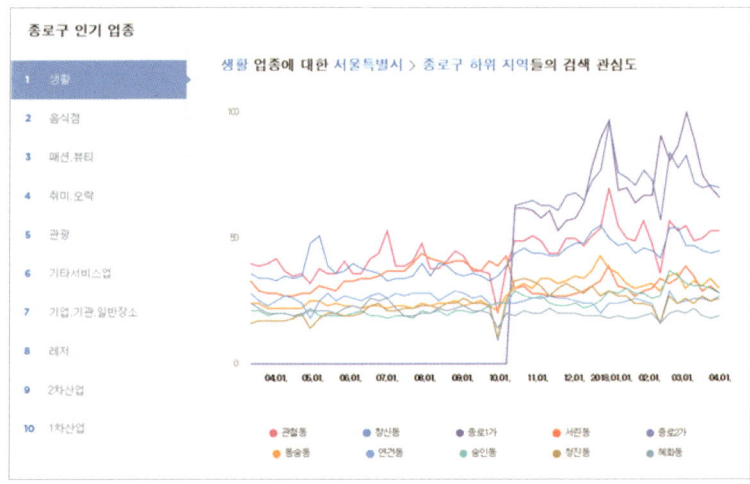

업종은 생활, 음식점, 패션, 뷰티, 취미, 오락, 관광, 기타 서비스업, 1차산업 등으로 구분되어 확인할 수 있다.

내용 분석은 객관적인 항목과 단위를 이용하는데 분석항목은 일반적인 연구의 원인에 해당하는 것으로 방문 월일, 방문 시간, 방문 목적, 방문 일행, 구매 음식, 지불 수준, 만족도 등이라 할 수 있다. 분석단위는 조사할 때 집계하는 내용의 최소 단위를 말하는 것으로 방문 시간이라는 항목에서는 아침, 점심, 저녁, 심야 시간대를 구분하는 최소 단위를 말한다. 내용 분석은 소셜 분석에서 가장 중요하다고 할 수 있다.

내용 분석에서 가장 중요한 과제는 분석항목과 분석단위를 타당한 수준에서 결정하는 일이다. 소셜 미디어 상에서 돌아다니는 아무 생각 없이 쓰인 글들은 텍스트에서 상권 분석에 필요한 상권의 월별 특성과 방문 목적, 동반자 등의 내용을 확인하여 분류할 수 있다. 이러한 내용을 바탕으로 분석을 위한 항목으로 구분할 수 있으며, 이것을 통하여 분석 단위로 나눌 수 있다.

예를 들면 시간이 분석항목이라면 점심과 저녁으로 분석 단위를 분류할 수 있다. 이것은 결국 정성적인 단어를 가지고 정량적으로 나타낼 수 있다는 것으로 설명한다. 내용 분석의 대표적인 자료는 네이버의 블로그를 활용할 수 있다. 네이버 블로그는 일, 월, 년별로 구분하여 분류할 수 있다.

이것의 근거자료로 트렌드 분석과 키워드 분석의 특징이 결합하여 결과값(결과값은 업종별, 상황별로 차이 발생함)을 도출할 수 있다. 블로그 내용 분석의 결과값을 보며 분석을 위한 키워드를 도출하고 이것을 월별(왜? 어떤 목적으로?)로 분석하여 점포의 특징(서비스나 음식의 만족도 등)을 찾아낸다. 내용 분석에서 가장 많이 사용하는 도구는 네이버 블로그이다. 분석 대상으로 정한다(무엇을?). 그리고 추출하는 기준은 기간으로 설정할 수도 있고 사람으로 설정할 수 있으며 계절로 추출할 수 있다.

통합검색으로도 분석할 수 있다.

올라와 있는 자료를 읽으면서 원하는 키워드를 도출하여 정리한다.

- 여기 왜 왔는지, 어느 음식점에 온 건지, 무엇을 먹었는지, 누구랑 온 건지 등.
- 맛은 만족했는지, 가격은 만족했는지 등.

이런 방법으로 분석하면 어떤 목적으로 이곳에 왔는지 확인할 수 있다. 이와 같은 내용으로 조사하고 분류하고 분석한 것이라고 할 수 있다. 분류 분석은 소셜 미디어에 사람들이 입력한 텍스트에서 주요 키워드와 관계가 있는 단어를 특정한 기준과 빈도수로 정리하거나 감성 언어 등을 긍정, 부정으로 분류하여 상권 분석에 필요한 시사점을 찾아내는 것이다.

이외 소셜 매트릭스 http://insight.some.co.kr/campaign.html 는 국내 텍스트 마이닝 전문업체인 다음소프트(http://www.daumsoft.com)가 자연어 처리기술과 텍스트 마이닝 기술을 바탕으로 블로그와 트위터 문서를 분석하고 모니터링 결과를 제공하는 서비스이다. 소셜 메트릭스는 사용자가 입력한 키워드에 대해 소셜 미디어에서 노출된 빈도 추이와 관련된 연관어 맵을 제공하고 각 키워드에 대한 긍정·부정 감성정보 및 날짜별로 가장 많이 확산된 트윗 메시지를 보여준다.

또 다이닝 코드 등 스마트폰을 활용하여 네이버로 접속하고 핵심 키워드(점포명, 음식명 등)에 따라 모바일에서도 데이터 랩을 확인할 수 있다.

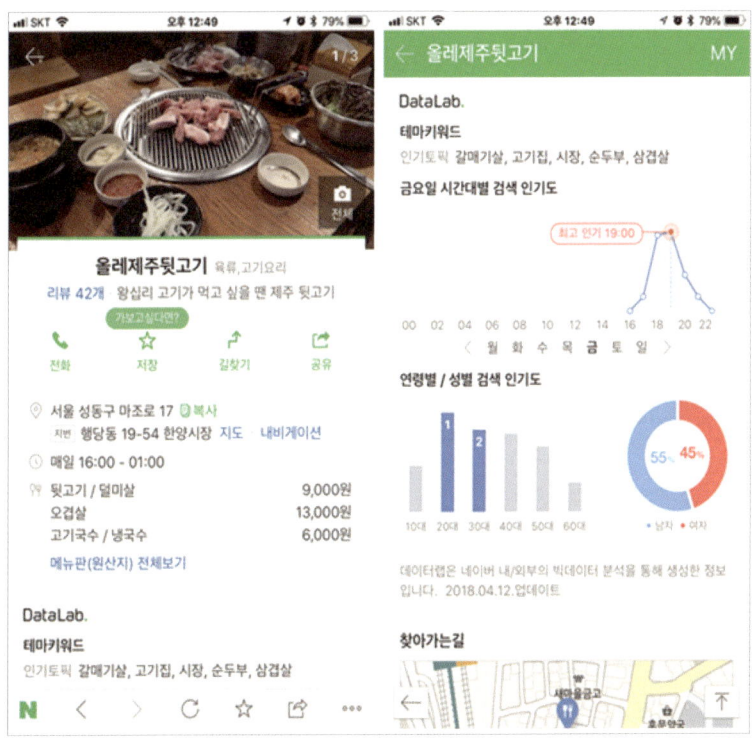

이 외에도 다양한 방법의 앱을 활용하여 상권을 분석하기 위한 방법을 찾아 봤으면 한다.

또 소셜 메트릭스 인사이트도 확인해보자.

http://insight.some.co.kr/campaign.html

네이버트렌드(데이터랩) 분석 기능을 확인할 수 있다.

http://datalab.naver.com/ca/step1.naver

지금까지 소개한 소셜 분석 방법 외에도 다이닝 코드, 네이버 모바일 데이터 랩 등 다양한 소셜 미디어를 활용하여 분석할 수 있다. 그 외에도 텍스트 마이닝이 있다. 이는 시스템을 기반으로 해서 도출되는 것으로 트윗의 감성 분석만으로 항공사의 서비스 품질을 측정한다.

상권을 분석하는 방법에는 오프라인과 온라인이 있으며, 온라인 상권이란 소셜 미디어의 인터넷 평판을 통하여 만들어지는 결과이다.

상권 분석에서 소셜 분석은 왜 중요한가? 왜냐하면 유동인구로는 매출액의 기여도를 측정할 수 없기 때문이다. 하지만 소셜 분석은 영향력을 충분히 측정할 수 있고, 향후 지속적으로 우리가 집중해야 할 부분이다.

브랜드 마케팅은 왜 중요한가? 왜냐하면 같은 메뉴의 브랜드별 추이를 보면서 그들이 과연 무엇을 하고 있는지에 대한 정보 등을 확인할 수 있기 때문이다. 추이의 변화는 전략에서 도출되는 것으로, 전략은 결국 어떤 마당에서 유리하게 만들어지고 있는지에 대한 부분을 신중히 분석하는 것이다.

소셜 분석이란 남의 것을 파악하는 것이 아닌, 위와 같은 데이터를 가지고 나는 무엇을 도출할 것인지에 대한 핵심을 찾는 것이다. 변화 추이를 읽는다는 것은 선택과 집중을 제대로 하고 있다는 것이고 막연히 누군가를 따라 하는 것이 아닌, 상품이나 제품에 대한 핵심을 찾아가야 한다는 이야기로 설명할 수 있다. 결과적으로 소비자의 적극적인 참여를 이끌어 낼 수 있는 방법들이 온라인상에서 돌아다닐 수 있도록 해야 한다.

18
Risk Management

LSM(Local Store Marketing)이 중요하다

얼마 전 한국프랜차이즈협회 빅데이터를 활용한 상권 분석 과정에서 LSM에 대한 강의를 한 적이 있다. 마케팅에 대한 새로운 생각이다. 지금까지 마케팅이라 하면 환경 분석, 트랜드, 전략 등과 같이 기업의 입장이나 점포의 큰 관점에서 접근하여 조사, 분류, 분석하였다. 기업의 관점에서 공급자 관점에서, 지역의 환경과 고객 속성보다는 일괄적인 전략과 전술을 전개하고 사업을 진행했던 것이다.

하지만 4차 산업혁명시대 기술과 정보와 지식이 융복합적으로 결합하여 사람들이 생각하는 이상으로 우리들의 생활 속으로 속도감있게 파고 들고 있으며 또한 편의성을 제공하는 시대에 살고 있다. 따라서 상상 속에 그렸던 모습들이 현실이 되어가고, 그 속에서 인간성과 사람들의 존재가치가 상실되어 가는 이 시대에 우리는 무엇인가를… 생각하게 된다. 앞으로의 장사나 사업도 이런 시대적 흐름에 맞추지 않으면 성공할 수 없다.

막연한 자신만의 생각과 느낌(감)으로 사업이 운영되는 시대는

지났다. 거시적 마케팅 환경 분석과 빅데이터를 이용하여 지역, 고객, 환경, 트랜드에 맞는 사업행위만이 살아 남을 수 있다. 내가 진입하는 시장(업종)과 지역의 인구 환경, 사회문화적 환경, 지리적 환경, 경제적 환경… 등에 대한 데이터를 조사, 분류, 분석하여 소비자와 고객이 원하고 필요로 하는 것에 대한 가치를 제공해야 한다.

지역의 소비자들의 속성과 니즈를 파악하여 그 지역에 맞춤형 마케팅을 전개하는 것, 이것이 LSM(Local Store Marketing-현지화마케팅)이라 할 수 있다.

이제 대형 유통업계뿐 아니라 프랜차이즈 기업들도 본사 차원의 일관되고 통일된 마케팅 전략을 전개하는 차원을 넘어 각 지역에 맞춤형 마케팅 전략을 수립하고 전개하는 일을 하고 있다.

이제 출점에 앞서 우리들이 가장 먼저 해야 할 일은 입지를 선정하고 인테리어를 구상하는 등의 일이 아니라 빅데이터를 활용하여 고객과 경쟁자, 그리고 나를 분석하는 일이라 생각한다.

LSM의 조사 분석요소는 인구 환경적 요소뿐만 아니라 다양한 많은 요소들이 있고, 그 요소들에 대한 조사 분석을 통한 확실한 정량적, 정성적 데이터를 가지고 있다. 따라서 사업이 전개되는 지역과 고객에 대한 정확한 데이터를 바탕으로 나의 투자와 수익에 대한 분석이 중요한 것이다.

성공의 확률을 높이는 창업과 경영의 답은 이제는 느낌과 경험도 중요하지만 더욱 중요하게 생각되는 것은 조사, 분석에 따른 현지화 마케팅(LSM)이 답이 아닐까 한다.

19 Risk Management
상권은 만들어진 것이 아니라 만드는 것이다

　최근 지역 상권, 골목 상권에 대한 이야기들이 많이 회자되고 있다. 각 지자체 및 정부기관에서도 앞서서 상권 육성 및 활성화에 관심을 보이고 있고 젠트리피케이션(둥지 내몰림 현상)에 대한 문제가 대두되고 있다. 요즈음 시장환경을 보면 상권이라는 것도 고정관념의 지역적 한계가 파괴되었고 입지라는 것도 파괴되었다. 기술의 발달에 따른 배달, 유통의 체계가 무너지고 장사의 범위도 한계가 없어졌다.

　하지만 상권 활성화 차원에서 접근하여 보면 규모와 효율성의 경쟁력을 갖춘 신업태의 등장, 소가구, 저출산, 쇼핑의 주말화 경향 등 소비환경의 변화와 IT산업 성장, 다양한 소통 및 거래 수단의 발달로 편리성을 추구하여 상권 내 시장기능 약화라는 외부적 환경요인이 있다. 저가격, 고서비스를 지향하는 국내외 대형 유통/할인점 출현과 대규모 유통단지, 대형 쇼핑센터 등 대단위 집단적 유통시설의 출현 및 온·오프 라인의 직거래 매장 등의 증가라는 외부 요인들도 있다.

한편 내부적 요인으로 보면 건물주와 점포주라는 재산권 행사에서 상권 전체 경영에 대한 통제력 발휘 장치가 상실되어 있고 상인들의 조직 결속력 저하로 상권의 환경변화에 조직적으로 대응이 불가능한 현실이며 신경영기법 도입, 변화에 대한 거부감 등과 같은 문제점과 미약한 조직력, 리더십 부재, 규모의 영세성, 시설 노후화, 각종 편의시설 부족 등 내부적 요인이 상존하고 있어 상권 육성과 활성화에 영향을 주고 있다.

경쟁 환경이라는 외부환경 변화에 대한 대응력을 높이며 지역경제의 핵심적 역할을 할 수 있는 상권들이 실제적으로 많은 어려움을 겪고 있는 것이 현실이다.

하지만 모 지역의 상권을 보면 꼭 어려움만이 있는 것은 아니다. 품목과 점포가 재배치되고 지역의 특화된 콘텐츠를 입혀낼 수 있다면 상권 스스로가 활성화되는 것을 볼 수 있다.

상권이 활성화되면서 부동산 가격도 불과 2, 3년 전에 비해 2배나 상승하고 있다. 솔직히 말해서 건물주나 부동산업자들이 변해야 한다. 눈앞에 보이는 이익보다는 상생하며 더 큰 이익을 볼 수 있었으면 하는 생각이다. 건물주들이 부동산 가치를 높이는 방법도 있는 것이다. 공개할 수 없지만 분명 서로에게 좋은 방법이 있는 것을 모르는 것이다.

한편 소상공인들에게도 젠트리피케이션 문제만 원만한 합의와 해결이 이루어진다면 서로 상생의 좋은 길이 아닐까? 상권의 활성화 조건에는 몇 가지 조건이 있다. 사람(고객)의 심리적 요건, 환경적 요건 등 많은 요건들이 있다. 상권에 대한 고민을 하면서 휴먼 스케일의 체험이라는 이야기를 접했다. 걷고 싶은 거리와 싫은 거리, 도시 구조, 이벤트 밀도, 공간의 속도, 시간과 공간, 도로와 거리는 왜 다른가?… (유현준 건축사의 책을 읽으면서 많은 생각을 가짐) 많은 사람들이 생각하는 건물이 세워지고 익스테리어를 하고 … 등처럼 하드웨어적인 일들이 상권을 활성화할 수 있다고 볼 수 있겠지만 결국은 소프트웨어가 무엇이고 무엇을 입히고 있느냐가 활성화에 주된 일이라 할 수 있다.

결국 사람이 중심이 되는 것이 아닐까?

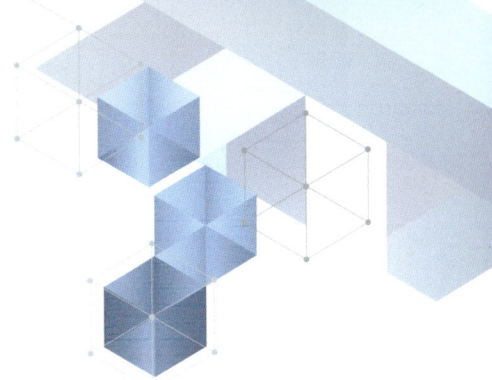

20 Risk Management
전망과 바람

요즘은 책을 쓰면서 매일 앞으로 또 어떤 변화가 올까 하는 생각을 하게 된다. 단정하지는 못하지만 막연하게 시장과 상권의 흐름, 두 가지는 느낄 수 있을 것 같다.

첫째, 저출산, 고령사회, 소가구화, 나홀로족 등 인구학적 환경변화 측면이다.
집밥이 그리워지고, 요섹남이 인기가 있고, 혼밥·혼술이 보편화되어 가는 요즈음 생활 환경뿐만 아니라 앞으로 IOT의 시대가 인간의 삶을 편하게 해주고 로봇이 모든 일을 대신하여 주는 시기가 온다면 과연 사람들은 무엇을 하면서 살아갈 수 있을 것인가에 대해서도 상상해 보자.

그 시기 모든 것이 편리해지더라도 인간의 감성을 채우고 느낌을 채워주는 것에는 한계가 있다. 따라서 인간의 감성과 느낌과 흔적 등 감정의 표현이 요구되는 곳, 그곳에서 파생되는 사업 아이템을 찾아야 할 듯하다. 요리를 배우고, 연주를 하고, 글을 쓰고, 문학, 문화, 가치, 이데올로기 등을 잡아야 하지 않을까?

둘째, 트랜드와 소비의 변화이다. 욜로(YOLO), 편의성, 근거리 소비성향, O2O, 공유경제 등에 관련한 수많은 변화의 내용을 접해 보았을 것으로 생각된다.

하지만 이런 변화의 내용 속에 사람들의 욕구가 있고 트랜드가 있다. 배달문화가 자리를 잡고, 가격보다는 가치를 추구하고, 그 속에 함께 사는 사회의 모습과 공유가 있고, 나의 가치를 소중히 여기는 등이다.

많은 플랫폼 사업이 등장하고 온라인과 오프라인을 연결하는 사업이 트랜드로 자리잡고 있는 시대이지만 그 속에 내 점포가, 내 사업자리도 있다는 것을 생각하자.

상권도 마찬가지로 변하고 있다. 해외 백화점 1층에는 음식점들이 자리를 잡고 있다. 그 이유는 무엇일까? 또한 해외에서는 대형 몰 중심으로 상권이 재편되어 가고 있다. 그 이유는 또 왜일까? 이제 우리도 준비해야 한다. 몰(MALL) 중심의 상권에 진입을 할 것인가? 상점가 및 시장, 골목 중심의 상권에 진입을 할 것인가? 도시형의 몰 중심 상권과 지역, 지구를 중심으로 발전하는 골목 상권의 활성화를 예상해 본다.

따라서 몰 중심의 대형 유통점 진입이 아니라면 현지 중심의 지역 점포 마케팅(Local Store Marketing)이 중요하게 대두된다. 점포가 있는 현지에서 나와 소비자, 경쟁자의 특성을 각각 분석한 후 현지화(localization)에 접목, 적용하는 마케팅이라고 할 수 있다.

전국의 각 지자체에서는 지역경제 활성화를 위해 상점가, 시장 활성화 등 많은 일들을 전개하고 있다. 하지만 이 또한 보여주기, 단기적 성과에만 치중하다보니 정작 많은 것을 놓치게 된다.

국민의 세금으로 하는 이런 일들이 이제는 정확한 진단과 처방전을 통한 실천이 필요하다. 아직까지 현실은 상권을 육성한다는 것이 공공기관의 정책이나 전략 없이는 힘들다 사실이다. 지역 주민들과 지자체의 협력과 합심이 중요하다.

또한 젠트리피케이션 문제에 대한 부분이 걱정이 되는 것도 현실이다. 지역, 지구, 골목 상권을 빅데이터를 활용한 분석 시스템을 통해 정량적 분석과 정성적 분석을 통한 콘텐츠를 개발하고 접목하여 적합한 상권 활성화 전략을 접목할 수 있다면, 그리고 좋은 점포들과 사업자들이 진출할 수 있도록 유도한다면 지역경제에 힘이 될 것 같다. 젠트리피케이션(둥지 내몰림현상)도 충분히 극복할 수 있는 방안이 도출될 수 있다.

창업을 준비하는 사람들은 철저한 조사, 분류, 분석을 통한 준비단계가 사업의 절반 이상의 성공을 가져온다는 것을 명심하기 바라며, 세상은 넓고 내가 할 수 있는 일은 많다는 자신감으로 도전해 보길 바란다. 도전하지 못하면 성공도 없다. 창업의 개인적 목적은 돈을 벌기 위함이다. 돈을 벌기 위해 인적, 물적 자원을 결합하고 기회를 포착하는 것이다. 창업가, 자원의 결합, 기회의 포착 이것이 창업의 3요소이다. 또한 혁신적인 사고, 진취적이고 도전하는 자세, 위험을 감수하는 위험 감수성, 이것이 창업가 정신인 것이다.